JN027681

掠れうる星たちの実験

乗代雄介

国書刊行会

目次

●創作 217

掠れうる星たちの実験

これから書き始めるにあたって、私が一つの前提を重石にしているということを表明しておきたい。

「マーガレット・サリンジャーによれば、彼女の父親はある学生に、自伝的事実やトラウマ的な出来事を求めているなら、それらはすべて自分の作品中に見つけられると述べたという」（『サリンジャー』）

しかし、書くことがこうした前提を揺るがそうとしないなら、その記述に何の意味があろう。今後の文章はその前提がなるべく優れた重石に見えるように書かれるだろうが、それは、その揺らぎを私自身が最もよく感得するためでもある。

＊

一九五一年に『ライ麦畑でつかまえて』の出版で時の人となったサリンジャーは、その毀誉褒貶の喧噪に耐えかねて、一九五三年五月十六日にニューハンプシャー州コーニッシュの山に約三十六万平米の土地を買い、移り住むことを決めた。その半世紀ほど前に避暑地として多少の繁栄を見たコーニッシュは、海辺のリゾート地に客を奪われて以来のさびれた場所である。サリンジャーはライフラインが整うまでは小川から水を汲み、チェーンソーで木を切って過ごした。敷地に壁を築き、集落付近に企業が入ってこられないように周囲の土地を買い足し、近隣住民と交流し、守られながら、二〇一〇年に亡くなるまでそこで暮らした。

1962年の秋、サリンジャーはおもしろいファンレターをもらった。というより、サリンジャーの反応がおもしろかったのだ。「スティーヴンス氏」とかいう大学生と思われる男が、おとなの社会の物質主義的な価値観への嫌悪感を訴えてきたのだ。彼には東洋思想の素養があり、ほかの人びとが精神より「物」に価値を置くことに失望していた。スティーヴンス氏が満足げにコーニッシュに手紙を送ってきたことは、まちがいのないところだった。この世に彼の憂慮を理解する人があるとすれば、それはJ・D・サリンジャーなのだった。

10月21日、サリンジャーはスティーヴンス氏に、典型的にていねいで率直な返事を書いた。スティーヴンスに手紙の礼を述べ、手短に彼の見解に賛意を示したあと、本論にはいった。もらった手紙でもっとも印象的だったのは、インクの質だったという。つまり、スティーヴンス氏のタイプライターのリボンのインクが乾きかけていたのだ。サリンジャーはこう伝えた。「私にとって、君はなにより先に、タイプライターの新しいリボンが必要な若者だ。その事実をよく見て、必要以上にものごとを重大に考えないように。それから残りの一日をちゃんと過ごしたまえ」。

（『サリンジャー 生涯91年の真実』）

サリンジャーがわざわざ個人的に応答したファンレターの一つである。その後、何人か若い女性の文通相手がいたことを考えると、こうしたものは希少な例外というわけでもないかも知れないが、かと言ってありふれているわけでもない。滅多に他人と関わろうとしなかったサリンジャーの場合、その選別はかなり神経質であるから、気紛れ以上の意味がある。

一九六二年秋のサリンジャーは、バディ・グラースを語り手に設定したグラース・サーガをいくつも書いて出版していく最中、かつ発表されたものとしては最後の作品「ハプワース16、1924年」を書く前であった。

一九五一年（三十二歳）

『ライ麦畑でつかまえて』（リトル・ブラウン／七月十六日）

一九五五年（三十六歳）

「フラニー」（「ニューヨーカー」一月二十九日）
「大工よ、屋根の梁を高く上げよ」（「ニューヨーカー」十一月十九日）
一九五七年（三十八歳）
「ズーイ」（「ニューヨーカー」五月四日）
一九五九年（四十歳）
「シーモア―序章―」（「ニューヨーカー」六月六日）
一九六一年（四十二歳）
『フラニーとズーイ』出版（リトル・ブラウン／九月十四日）
一九六三年（四十四歳）
『大工よ、屋根の梁を高く上げよ　シーモア―序章―』出版（リトル・ブラウン／一月二十八日）
一九六五年（四十六歳）
『ハプワース16、１９２４年』（「ニューヨーカー」六月十九日）

サリンジャーの、読者からの手紙に使われたインクが掠《かす》れていることへの着眼。これが『ライ麦』以後の作品に共通する挿話を裏書きするように思われることが、私がこの返信を考え事のあらゆる中継点に置こうとしている理由である。

まずは『ライ麦畑でつかまえて』のホールデンが、子供の頃エイグルティンガー先生に土曜日ごとに連れて行かれた自然科学博物館について述懐する場面を見てみたい。ペアを組んだ女の子の汗ばんだ手、守衛の注意から、インディアンやエスキモー、鹿や南へ渡ってゆく鳥の剝製を並べたジオラマ展示について詳述された後で「でも、この博物館で、一番よかったのは、すべての物がいつも同じとこに置いてあったことだ」とホールデンは語る。「何一つ変わらないんだ。変わるのはただこっちのほうさ」と続け、さらに、変わるとは厳密にいえば「こっちが年をとる」ようなことではないと注釈を加えている。

こっちがいつも同じではないという、それだけのことなんだ。オーバーを着てるときがあったり、あるいはこのまえ組になった子が猩紅熱になって、今度は別な子と組になってたり、あるいはまた、エイグルティンガー先生に故障があって代りの先生に引率されてたり、両親がバスルームですごい夫婦喧嘩をやったのを聞かされた後だったり、道路の水たまりにガソリンの虹が浮かんでるとこを通ってきたばかりであったり。要するにどこかが違ってるんだ——うまく説明できないけどさ。いや、かりにできるにしても、説明する気になるかどうかわかんないな。

（『ライ麦畑でつかまえて』）

ここで並べられているのが、心情ではなく出来事であるという点は重要である。その感情や状態を言葉で表すことはできないが、出来事なら示すことはできる。

私の知る中で最もこれによく似た文章は、柳田國男のこんな文章である。

誰にもいつ行ってもきっと好い景色などというものは、ないとさえ思っている。季節にもよろうしお天気都合や時刻のいかんもあろうし、はなはだしきはこちらの頭のぐあい胃腸の加減によっても、風景はよく見えたり悪く見えたりするものだとも思っている。

（「豆の葉と太陽」『柳田國男全集2』ちくま文庫）

わざわざ柳田を参照するのは、サリンジャーと柳田の仕事ぶりに共通するものを感じるからだ。柄谷行人も「柳田國男論」の中で紹介しているが、「今の学者が、知識があるのに弱々しく見えるのはどうしてか」と桑原武夫に問われ、柳田は「孝行という考えがなくなったからです」と語ったという。

明治初期に生まれた学者は、忠義はともかく、孝行ということだけは疑わなかった。自分なども『孝経』は今でも暗誦できる。東京へ出て勉強していても、故郷に学問成就を待ちわびている父母のことは、夢にも忘れることがなかった。人間には誰しも怠け心があり、酒をのみに行きたい、女と遊びたいという気も必ずおこるのだが、そのとき眼頭にうかぶのが自分の学資をつむぎ出そうとする老いたる母の糸車で、それは現実的な、生きた「もの」である。ところが、私たち以後の人々は、儒教を知的には理解していても、もはやそれを心そのものとはしていない。学問は何のためにするのか、××博士などは恐らく、真理のため、世界文化のため、あるいは国家のため、などというだろうが、それらは要するに「もの」ではなくて、宙に浮いた観念にすぎない。観念では学的情熱を支えることができにくい。平穏無事な時勢は、それで間に合うように見えるけれども、一たび嵐が吹き荒れると、そんなハイカラな概念など吹きとばされてしまう。

（「学問を支えるもの」『雲の中を歩んではならない』文藝春秋新社）

柳田にとって、東京で遊んでしまおうかという時に学生が目に浮かべるのは、故郷に暮らす「母の糸車」であり、母の思いなどではない。「自分の学資をつむぎ出そうとする」とは、母の感情ではなく、その必要の理由である。柳田は、鑑みればそれ自体「宙に浮いた観念」でしかないはずの儒教が、前代の生活の中で、〈生きた「もの」〉に思考を接続させるよう知的な方法ではなく機能していたことを重く見ている。

各郷土の膨大な資料蒐集をしながら用いた「常民」という語をはっきりと定義することがなかったのも、根本的には〈生きた「もの」〉に由来するが故であろう。柳田は、農村文化のほとんどが、宗教者をはじめとする漂泊者が一千年の間に「工でありまた商」に「時々の意外な刺戟」を与えて感化したものであったことを指摘し、「日本の文化の次々の展開は、一部の風来坊に負うところ多しといっても、決して誇張ではなかったのである」（「明治大正史　世相篇」『柳田國男全集26』ちくま文庫）と強調している。柳田にとって各郷土に伝わるあらゆるものは、遡れぬし遡らぬまでも、もし精確に遡ることができるのなら、または遡る過程で絶えず、必ず〈生きた「もの」〉に突き当たっているべきものであった。もちろん、安全に遡れるのはせいぜい足利時代までと言い、別には先住民や「非常民」の問題もあったが、とにかくそこには農耕民族を基礎としながら、農民やあらゆる漂泊者、柳田自身が言及しているように天皇さえ含まれる〈生きた「もの」〉の変化がある。「常民」という語は、そこにあるおいおい見つかってゆくはずの変化の全てを包含する必要とその先見から持ち出されたのであり、拙速に定義できようはずもなかった。

＊

ユダヤ教、キリスト教はもちろん、数々の東洋思想を経て最終的にアドヴァイタ・ヴェーダーンタ・ヒンドゥー教に行き着いたサリンジャーだが、信仰とは、観念ではなく、そのように〈生きた「もの」〉を喚起するものでなければならないというのが、東洋思想に接近する前からの彼の資質であったように私には思える。

引用箇所で、ホールデンはその考えについて「うまく説明できないけどさ。いや、かりにできるにしても、説明する気になるかどうかわかんないな」と語っているが、「フラニー」以後の小説は、その「説明」を試みた小説と言っても過言ではない。それらは、〈生きた「もの」〉を無視する欺瞞に満ちた人間に対する激情をそこかしこに撒きながら、それを受け容れようとし、書き手と読み手の生について小説の構造をも駆使しながら考えるものになっている。登場人物たちがこだわるものは、いつもきまって〈生きた「もの」〉である。

欺瞞に満ちた人間の代表は「フラニー」における、フラニーのボーイフレンドであるレーンだ。大学生の彼は、フローベールを「睾丸性《テスティキュラリティ》」の欠けた存在として書いた論がA評価をもらったことをフラニーに語り、睾丸性丸出しの代物であるフローベールの書簡を読んでいないことを露呈する。レーンや教授は、フローベールを〈生きた「もの」〉として扱わずに語ることで、読んでいる自分たちの個人的な生にも目を向けることがない。フラニーはそれに嫌悪感を覚える。

その愚かさは、併録の「ズーイ」においてさらに強調されながら、愚かさを感じるフラニーにも適用される。フラニーは、大学で教わるほとんどが「知識のための知識」に過ぎず「叡智」にはほど遠いとふさぎこむが、兄ズーイは「物質的な財宝」を求めることと「精神的な財宝」を求めることに違いはないと言い切り、「叡智」を求めて祈ろうとするフラニーの是非を問いただす。しかし、ショックを受けたフラニーに亡き「シーモアと話がしたい」とこぼされて、それ以上の言葉を継ぐことができない。ズーイは窓の外を見る。そこで目にするのは、少女が飼い犬のダックスフントと戯れながら、楽しげにセントラルパークの方に向かう姿だ。「それは脚本家や監督やプロデューサーなどに邪魔されていない、実に類い希な演技だった」とある。つまり、恣意的で自発的な演技ではあるが、他の誰に見せることも想定していない姿である。ズーイはフラニーに聞こえるように言う。

「世の中には素敵なことがちゃんとあるんだ。紛れもなく素敵なことがね。なのに僕らはみんな愚かにも、どんどん脇道に逸れていく。そしていつもいつもいつも、まわりで起こるすべてのものごとを僕らのくだらないちっぽけなエゴに引き寄せちまうんだ」。

(『フラニーとズーイ』)

この台詞をある程度は作家自身の意見だと考えられる理由が、冒頭に引用したファンレターへの返事である。世間から聞こえる声を「ちっぽけなエゴに引き寄せ」て物質主義を嘆く大学生は、傍から見ればただ単に「タイプライターの新しいリボンが必要な若者」に過ぎない。それは、彼の思想や言葉と違って、誰にも「邪魔されていない」単なる事実を示すものだ。だから、フラニーの目が「素敵なこと」に向かない限り、彼女は救われない。ズーイはそのために全力を尽くすが、フラニーは今、シーモアの話にしか耳を傾けるつもりはない。ズーイはシーモアと最も関係の深かったバディを装って電話をかけるが見破られて不首尾に終わり、もう最後だと宣言して話を始める。そのまた最後に、子供ラジオ番組に出演するため家を出ようとした時に、靴を磨くようシーモアに言われたという思い出話をする。

幼いズーイはその助言が頭にきて、スタジオの観客もアナウンサーもスポンサーも「うす馬鹿」だし、彼らの座っている位置からは靴は見えないから、磨く必要はないと言い返した。しかし、シーモアは「おまえは太ったおばさん《ファット・レディ》のために靴を磨くんだよ」と説明もなしに言った。

それ以来番組に出るたびに、とにかく太ったおばさんのためにせっせと靴を磨いた。君と二人であの番組に出ているあいだ、ずっとそうしていた。君は覚えているかな？　磨き忘れたことはたぶん二回くらいしかないと思う。そしてその太ったおばさんの姿が、僕の頭の中にものすごくくっきりと、鮮やかに形作られた。そのおばさんはね、一日中ポーチに座って、蠅を叩きながら、朝から晩まで馬鹿でかい音でラジオをつけっぱなしにしているんだ。その暑さたるやすさまじいもので、彼女はたぶん癌を抱えている。

（同前）

結果的に、フラニーを救ったのはこの話である。正確には、ズーイのしたシーモアの話だ。

「彼は私にもそう言った」と彼女は電話に向かって言った。「太ったおばさんのために、何か愉快なことを言うんだよと、シーモアは一度言ったことがある」。彼女は片手を受話器から離し、少しのあいだ頭のてっぺんに置いた。それからまた両手で受話器を握った。「彼女がポーチに座っている姿を、私は思い浮かべたことはなかった。ただねものすごく――なんていうか――ものすごく太い足を思い浮かべた。静脈が走りまくっているやつ。そしてすさまじい籐椅子に腰掛けているの。でも彼女はやはり癌を抱えていて、そしてやはり一日中ラジオをすごい音でつけっぱなしにしているの！　私のもおんなじだった！」（同前）

ここで、二人の思い浮かべた「太ったおばさん」が、細かい違いはありつつ共に癌患者であることは、いつか死ぬ存在としての聞き手の強調であろう。つまりは〈生きた「もの」〉である。そしてズーイは、「俳優がどこで演技をしようが」それを見ている中で「シーモアの言う太ったおばさんじゃない人間なんて、誰ひとりいない」と断言する。さらに、その「太ったおばさん」こそキリストその人であるとフラニーに明かす。

いかなる人かはっきり定義することができないのに、人それぞれが思い浮かべる市井の女でありキリストでもある〈生きた「もの」〉とは何か。世界中をさがしても、「常民」以上にそれをよく表している言葉は見つからないだろう。私には、柳田とサリンジャーが同じ「もの」を同じように追い求めていたように思えてならないのである。

サリンジャーはコーニッシュにおいて、近所付き合いの中で物の貸し借りをして毎週教会へ行くという古き農村社会的な生活を送ったが、自分が漂泊者であることを自覚しており、「わたしは十三年間田舎で暮しているが、田園の距離を計るのにいまだにニューヨークの街の区画を尺度にしているような男なのだ」（「シーモア―序章―」）とも書いている。

こうした自分にとって変え難い必要こそ、柳田が研究対象とした〈生きた「もの」〉の実感である。その実感は時と場所に応じた変化を加えながら「常民」伝いに残され、その過程は、日本という島国ではあらゆる「もの」からある程度は遡ることができるというのが、柳田が取り組んだ一国民俗学であった。

それと同じように、ファンレターの掠れた文字は、文意ではなく「もの」として、〈生きた「もの」〉へ遡ることのできる、まさに動かぬ証拠である。その文字が掠れていなければ、サリンジャーはこれまで腐るほど送られてきたであろう物質主義批判の手紙に返事などしなかったはずだ。彼はシーモアにこう書かせている。「ぼくがおまえの小説だけでなく、ネクタイやその他のことまで考えていることをおまえはひどいことだと思うにちがいない。ぼくはそうじゃない。ぼくはあらゆるところに自分の思想を探し求めている」（「シーモア—序章—」）。

柳田が農村に伝わる「もの」に「常民」の存在を認めたように、サリンジャーは文字の掠れに「太ったおばさん」の姿を認めていたのである。

*

サリンジャーにとって最も重要なのは、博物館の見学者が「いつも同じではない」のと似て、読み手が、どんな状況に書き手があるかをいかに確信できるか、もしくはその反対に、書き手が、どんな状況に読み手があるかをいかに確信できるかということだった。それは、〈生きた「もの」〉へ通じるための小説である。

柳田は〈生きた「もの」〉の動かぬ証拠を集めるために、あらゆる「もの」を資料として集めようとした。その時、柳田にとって価値ある資料とはどういうものだったか。『人情地理』の創刊にあたって読者から募集した「耳で聞いた話」にまつわる対応が、それを物語っている。

一度目に読者から寄せられた話のほとんどは柳田の求めるようなものではなく、第三号において柳田は改めて「我々の求むるもの」という告知文を寄せた。

『耳で聞いた話』の新しい計画は言語写生の興味を流行させたいといふに在つたのです。子供でも老女でも又は路傍の人々でも、最も単純な者の話した通りを、聴いて感じたまゝに書き現はす技術を、諸者諸君の間に競争していたゞきたいと思つたのです。勿論《もちろん》それに関聯《くわんれん》してスケッチをする者の感想なり批評なりを、書き添へられることは自由ですが、少なくとも主要部は自分で無い者の、実際話したことで無ければならぬのであつて、其点《その》が『口でいふ話』や『筆で書く話』とは別でなければなりません。出題者の本意が徹底しなかつた為に、数十人の寄稿者に無駄な骨折をさせたのは遺憾であります。それでもう一度具体的に申しますと、たとへば、

一、或《ある》農夫の茶飲み話。

二、祖父が私に聴かせてくれた話。

二、汽車で隣席の人がしやべつて居た話。

斯《か》ういふ風に指定してもよかつたのです。特に『耳で聴いた』と私が明示したわけは、筆者の文才と考案とを以て、新たに綜合したものを避ける趣意であつたのです。さういふ文章は既に他の雑誌にも多く出て居ます。もう、『人情地理』の新奇な催しものとするには足らぬのであります。

それから此《この》欄の選者が、何か文芸式に叙説した伝説に、多分の関心をもつかの如く予想せ

られたのも誤解でありました。伝説は如何にも面白いものに相違ありませんが、それは土地の人の片言隻句の中に、ふと引用せられた場合に趣味があるので、是を長々と小説見たやうに書いてもらつては、もう全く別のものになり、読みにくい迷惑なものになつてしまふのです。第一、それでは『耳で聞いた話』では無くなります。

とにかくに『耳で聴いた話』は簡単明瞭な、むつかしい言葉のまじらない会話です。其中で意外に余情を残し、何度読んで見ても興味が尽きないものを上乗とします。

（『柳田國男全集29』筑摩書房）

村落共同体における昔話・伝説・諺《ことわざ》・民謡・童詞《わらべことば》・事物の名称などすべてを「言語芸術」と呼び、文学など「文字による芸術」と区別した柳田は、ここで必要に駆られ、なるべく平易にそれを説明している。「筆者の文才と考案とを以て、新たに綜合したもの」や、「長々と小説見たやうに書い」たものは「迷惑」だとさえ明言していることは興味深い。これらと、「山の人生」の冒頭に置かれた、西美濃の炭焼が二人の子供を殺した話と合わせて考えると、柳田の追い求めた「もの」の姿が浮かび上がってくるように思われるからだ。

女房はとくに死んで、あとには十三になる男の子が一人あった。そこへどうした事情であったか、同じ歳くらいの小娘を貰って来て、山の炭焼小屋で一緒に育てていた。その子たちの名前はもう私も忘れてしまった。何としても炭は売れず、何度里へ降りても、いつも一合の米も手に入らなかった。最後の日にも空手で戻って来て、飢えきっている小さい者の顔を見るのがつらさに、すっと小屋の奥へ入って昼寝をしてしまった。

眼がさめてみると、小屋の口いっぱいに夕日がさしていた。秋の末の事であったという。二人の子供がその日当たりの処にしゃがんで、しきりに何かしているので、傍へ行ってみたら一生懸命に仕事に使う大きな斧を磨いていた。阿爺（おとう）、これでわしたちを殺してくれといったそうである。そうして入口の材木を枕にして、二人ながら仰向けに寝たそうである。それを見るとくらくらとして、前後の考えもなく二人の首を打ち落してしまった。それで自分は死ぬことができなくて、やがて捕えられて牢に入れられた。

（「山の人生」『柳田國男全集4』ちくま文庫）

柳田はこれを、法制局の参事官時代、特赦に関わる事件の調書として読んだ。自ら進んで話したり書いたりしたものではない調書の内容は、「耳で聴いた話」でしかあり得ない。すなわち、こうした記録こそが柳田の「求むるもの」であった。

もちろん、なぜ殺したかは柳田の興味のあるところではない。しかし、「ただ一度」読んだきりだという書類の「眼がさめてみると、小屋の口いっぱいに夕日がさしていた」という箇所を後になっても忘れず書きつける点に、「はなはだしきはこちらの頭のぐあい胃腸の加減によっても、風景はよく見えたり悪く見えたりする」という風景論や、後述する自身の神秘体験について語る柳田の興味が透けている。柳田は最晩年の「故郷七十年」でも炭焼きの話について書いているが、ここでも「夕日」を欠かしていない。また、自身の神秘体験においては、鵯《ひよどり》の声で我に返ったことを欠かさない。

それは『ライ麦』でホールデンが「道路の水たまりにガソリンの虹が浮かんでるとこを通ってきたばかり」であることにさえこだわるのによく似ている。それらが何を意味するかはわからないし、言葉にできるものではない。しかし、とにかくそういう事実があったように「何か違ってる」のであり、そのことを覚えているのであるからには、必然性がある。そのような記憶を「資料」として集めることが重要なのである。

「大工よ、屋根の梁を高く上げよ」で、弟バディは、花婿たる兄シーモアが結婚式に現れないせいで花嫁側の列席人の一グループと一緒に移動することになる。逃走した花婿の弟としてさんざん苦心して、なんとか事態が収束に向かいそうだというところで小説は終わる。バディはそこで、その「出来事」が起こっている時、そして時が経ちそれを書いている今でも、シーモアの結婚祝いに贈ればよかったと考える「もの」について語る。それは、道中、一言も言葉を発することなくその振舞いで自分の支えになってくれた老人が吸っていた葉巻の吸殻であった。

最後の客人もどうやら出て行ったものとみえて、彼がここにいたことを物語るものとしては、空《から》のグラスと、白鑞《しろめ》の灰皿に葉巻の吸殻が残っていただけであった。この葉巻の吸殻をシーモアに進呈すればよかったとわたしは今でも思っている。結婚の贈物には非実用的な品物が通例なのだから。この葉巻だけを、小さな、きれいな箱に入れて。説明として、中に一枚の白紙を入れるかして。

（「大工よ、屋根の梁を高く上げよ」）

それはただの吸殻であるが、もちろんその日その時の〈生きた「もの」〉の痕跡である。しかし、バディはそこに説明を加えようとはしない。説明を書かないという徴《しるし》に「一枚の白紙」を入れるのは、「筆者の文才と考案とを以て、新たに綜合したもの」つまり「筆で書いた話」を避けるためと言えるだろう。また、もし生きてこの結婚祝いを受け取ることができた場合のシーモアの反応を考えてみれば、柳田とサリンジャーの「求むるもの」は、より一層似てくることになる。バディはその時、自ら説明しないが、シーモアの問いに答えるだろう。それはシーモアにとって「耳で聴いた話」でしかあり得ない。

このように、両者は〈生きた「もの」〉と「筆で書く話」を巡る態度において、不思議なほど似通っている。そして、共に世間に発表することを前提にした文学から身を引いた理由もそこにあったと私は思っている。

では、その態度をもたらしたものは何か。それを考える上では、それぞれが秘めていた、書けば必ず「嘘」になる記憶——恋愛と戦争について検討しなければならないだろう。

柳田は新体詩からその活動を出発している。田山花袋、国木田独歩らと出版した『叙情詩』に「野辺のゆきゝ」を発表した後ですぐにそれを離れて以後、文学界との交流を続けながらも、自ら文学作品をものすることはついになかった。

*

歌や文学のもつ両面を、私は身をもって経験させられたと思っている。すなわち一つはいわゆるロマンチックなフィクションで、自分で空想して何の恋の歌でも詠めるというような側と、もう一つ、自分の経験したことでなければ詠めない、あるいはありのままのことを書く真摯が文学だという、近ごろの人々のいうような側との二つで、この対立を私はかなりはっきり経験させられた。

私などの作った新体詩はその前者の方であった。やっと二十そこその若い者に、そうたくさんの経験がある気遣いはない。それでいて歌はみな痛烈な恋愛を詠じているのだから、後になって子孫に誤解せられたりすると、かなり困ることになる。

（「故郷七十年」『柳田國男全集21』筑摩書房）

ここで柳田は一つの事実を隠している。

柳田家の養子となる前、松岡國男として書かれた自分の新体詩を「ロマンチックなフィクション」としているが、その頃の恋愛詩が、利根川沿岸の布川《ふかわ》に暮らした「母なき子」の伊勢いね子を思って書かれていたことは、岡谷公二の一連の仕事（『柳田國男の恋』）によってほとんど明らかにされている。田山花袋宛の書簡の発見によって、花袋が若かりし頃の柳田國男をモデルに書いた一連の「柳田物」が、事実をかなりの程度で反映させたものであるとわかったのだ。

それによれば、先方の家の拒絶によって進展のなかった二人の恋の、始まっていたかどうかもわからない関係の結末は、一方は両親を相次いで亡くして柳田家の養嗣子となり、一方もさらに父を亡くし美人薄命を絵に描いたように結核で死ぬというものであったが、その余りに人生の大事が連続した三年間の詩と手紙と「柳田物」には、松岡國男の苦悩が刻まれている。それは後に当人が書いたような「空想」ではなく、実際に起きた「出来事」であった。

書簡にある以上の詳しさで事実関係が書き込まれた「柳田物」は、松岡國男が田山花袋に自分の恋愛の実情を話して聞かせ、小説として発表することも許容していたという事実を示しているが、後年、柳田も花袋も「柳田物」について意味のあることを全く言及しなかった。だからこそ「柳田物」は長らく、せいぜい美貌の國男の体験をモデルにして醜男の花袋が夢を託した「ロマンチックなフィクション」のようにも考えられてきたのだが、それはもともと、友から「耳で聴いた話」であったのである。

柳田は、その顚末を知る友の、ロマン主義から自然主義に傾き「露骨なる描写」を考えるようになった後の「蒲団」について「不愉快な汚らわしいもの」と評した。「重要な所は想像で書いているから、むしろ自然主義ではないことになる」とも書き、それ以後、この旧友を評価していない。まるであのことを「蒲団」のようなやり方で書くなと牽制するようでもあるが、その真相はわからない。しかし、これを柳田の「耳で聴いた話」と「筆で書く話」に対する態度について考える材料とすれば得るものは多い。

私などの見る所では、「事実」といふものは自分の目で耳で又は感覚で、実験したもの以外には無いと思つて居る。所謂史実も亦過去の事実ぢや無いかと言ふであらうが、それは過去であるが故に実験には入らず、今あるものは其痕跡でしか無いのである。千年以上も人が事実であつたと信じて居たことで、此頃始めて事実で無かつたことの判つたものも多い。書いて伝へたものだけは本当であらうと思つて居ると、それすらも尚検査を要することになった。偽作や贋造は論外であるが、是は正しいと言はれて居るものでも、尚その筆者自身が、誤つて真なりとして居たことがあり、おまけに最初の筆跡が、其まゝ残つて居るわけでも無いのである。

（「郷土研究と郷土教育」『柳田國男全集14』筑摩書房）

〈生きた「もの」〉の「実験」こそが「事実」であることは紛れもないが、それを書いたものは「事実」ではなくなる場合がある。「誤つて真なりとして居たこと」が後で「正しい」とされるのは問題だと、ここでも柳田は繰り返している。

告白嫌いとも言われる柳田だが、その根底にあるのは、「実験」と「筆で書く話」の「対立」に対する強い自覚である。そこに無自覚であった日本的な自然主義が好ましいはずもなく、その態度において柳田とサリンジャーはますます似てくる。

告白的文章というものは、まずもって、自慢するのをやめたという作家の自慢が鼻につくものである。いつでも、公然と告白する人間から聞くべきものは、彼が告白していないことなのだ。人生のある時期で（悲しいことだが、たいていは成功している時期）、人はとつぜん大学の期末試験でカンニングをしたと告白できると思うかもしれないし、二十二歳から二十四歳まで性的不能だった、と知らせようと決心するかもしれないが、こうした勇気のある告白それ自体は、当人がペットのハムスターに腹を立てて、その頭を踏みつけたことがあったかどうかを探りだせるということを保証するものではない。

（「シーモア―序章―」）

柳田の場合、この自覚が「実験」に関わって現れているのは、医者である兄の家で暮らしていた十四歳の時、昼の最中に星を見た神秘体験について語る際である。

これは今から四十八年前の実験で、うそは言わぬつもりだが、あまり古い話だから自分でも少し心もとない。今は単にこの種類の出来事でも、なるべく話されたままに記録しておけば、役に立つという一例として書いてみるのである。

（「幻覚の実験」『柳田國男全集6』ちくま文庫）

その星の有り形なども、こうであったということは私にはできるが、それが後々の空想の影響を受けていないとは断言し得ない。ただ間違いの無いことは白昼に星を見たことで、（その際に鵯が高い所を啼いて通ったことも覚えている）それをあまりに神秘に思った結果、かえって

数日の間何人《なんぴと》にもその実験を語ろうとしなかった。（同前）

四十八年後の柳田が「実験」にも関わらず「筆で書く」ことをためらうのと同じように、話せばそれが自分にとって「うそ」になる予感を、当時十四歳の國男はすでに抱いていたという。それは他人にとってはなおさらそうであった。昼の星を見た話を家にいた医者の書生たちや後には学友にしたところ全く取り合ってもらえず、天体図鑑を持ってこられたり「君は詩人だよ」と言われたりしたと述懐している。

そうした記述の後で柳田は、「もし私ぐらいしか天体の知識をもたぬ人ばかりが、あの時私の兄の家にいたなら結果はどうであったろうか。少年の真剣な顔つきからでもすぐにわかる」と書き、農民の「実験」が科学的知識に妨げられずに受け容れられ語り伝えられ、薬師堂まで建立された実例を紹介している。

せっかく生きた「もの」に遡ったところで、当人が「うそ」だと思っていれば仕方ないが、当人が「実験」と思っている限りそれは出来事として「本当」である。柳田はこの経験について二度書いているが、記述内容は一致していない。しかし、それはまぎれもなく「実験」なのだ。その本当は「真剣な顔つき」を浮かべさせ、人を信じせしめる。柳田は「無意識の伝承には少なくともウソはない」とも書いている。それが「耳で聴いた話」である以上、ある方言が無意識の必要によって伝わるのと同じように、信用に足る資料となり得るのだ。

青年時代の花袋の「柳田物」のネタは、きっと真剣な顔つきの友人から「耳で聴いた話」であったが、小説家となって経験を積んだ花袋が時を経て今「あの話」を書くのであれば、それはすでに「耳で聴いた話」ではなく「筆で書く話」でしかありえない。

二人の間で、「柳田物」やその恋愛自体について、秘めたまま墓場まで持って行く約束か共通認識があったことは明らかだ。そして、この深い旧友同士は本当にそれを仕遂げた。柳田は、花袋の死のために集まった席上で文士たちが故人の悪口ばかり喋っているところに、「田山君の君らに対するいちばん大きな功労は、死んでやったことだと思う。田山君が今日生きていたら、君らはまだそんなにやれないんだろう」と演説したら「喝采を博した」と自ら書いているが、この時の胸中はどんなものだったろうか。また、折口信夫が死ぬ間際に「柳田先生の学問というのは、恋愛を抜きにしては語れない、それが書けるのはわたしだけだ、わたしはそれを書いておかなきゃならん」と角川源義に語ったというのも、ただならぬものを感じさせる。

傍から見ればなんということもなさそうに見える恋愛をそこまで秘めなければならなかった理由はわからない。柳田の当時の日記が見つかった際に燃やしたという妻のためや、養子として入った「家」を守るためでもあっただろう。柳田の兄嫁が、家を追い出されるように離婚したという過去の経験も頭をよぎらなかったはずはない。とはいえ謎は謎のままだが、だからこそ、その影響は死ぬまでに亘《わた》っていたとも言える。柳田はあの恋を頑なに「うそ」だとして、まるでそのことを正当化するように「筆で書く話」そのものである文学に対する態度を決め、崩さなかったようにさえ見えるのだ。

だから、文学から離れた柳田が、後になって「耳で聴いた話」の伝承、つまり、かつての「本当」を「うそ」と自覚してしまいかねない者がこの世から消えてなお声や話という形をとって何の因果か「本当」として残ったものへと向かったのは必然に思えてくる。この、「何の因果か」ということが、柳田にとっては最も頼むべき必然であった。遡れば〈生きた「もの」〉に由来しながら「うそ」の混じっていないものはこんな形でしか残り得ないという知見は、人生と文学の経験が、教師として反面教師として、柳田に与えた分も多かっただろう。

しかし、「其中で意外に余情を残し、何度読んで見ても興味が尽きない」ものを小説にするなら、文学にはまだしも価値があるということも柳田は考えないこともなかった。その代表が前述の「西美濃の炭焼の話」である。柳田は職務や旅行で得た話を花袋に小説の材料として提供していたが、この話を聞いた花袋は、「そんなことは滅多にない話で、余り奇抜すぎるし、事実が深刻なので、文学とか小説とかに出来ない」と言ったという。

花袋は「露骨なる描写」の中で技巧を否定しているが、それはあくまで古典主義やロマン主義が培ってきた美文の技巧を指し、それを敢えて排したものを「露骨」と呼ぶことによって己の主義を立脚するものである。つまり、花袋の自然主義は、その方法としては「技巧を使うのをやめたという作家の自慢」に過ぎなかった。むしろ、個人的な「出来事」は、その叙述法の実現のために恣意的に選択されたと言ってもよい。そのような志を持っていた当時の花袋にとって、「露骨なる描写」の例に挙げた『罪と罰』のアリョーナ殺しと比して、「なぜ殺すのか」に言語化された理由も葛藤も正当化もない炭焼きの話は、そもそも排するための技巧を用いる余地すらない、いわば既に「露骨なる」「出来事」であった。

しかし、その中にこそ無意識や必然があり、それだけを追い求めたのが柳田である。だから、その「出来事」を決定づけたかも知れない「夕日」を無視することができない。それを「心理学の対象」とも書いているが、理由や葛藤や正当化が遡れば「夕日」にまで含まれ得るという考えが柳田にあったことは、その他の仕事からも容易に推察できるところである。

もちろん、自然主義やその実作への否定も、花袋への度重なる牽制の一つに数えられるべきだと考えることもできる。露骨を「露骨」に書けないのなら、その「露骨」は結局は「技巧」の一種であり、だから「うそ」である。「筆で書く」限り「ありのまま」などあり得ない。自分は「うそ」を許しはしない。あの悲恋を秘密として共有してしまっている限り、柳田の意志がそれを描くことと反する方に向かっている限り、二人の疎隔は避けられるものではなかったのかも知れない。

しかし、仮にそうであったとして、行った仕事の全てがそうした経験の全てと何ら矛盾しないように生きることができたというのが、柳田の最も驚嘆すべき点である。八十を超えた彼が、「故郷七十年」を連載するにあたって「単なる郷愁や回顧の物語に終るものでないことをお約束しておきたい」と表明したのは、自分の生き方こそが自分の学問的方法を最も精確に示しているということを自任していたからであろう。

私はさっきから、柳田が過去の恋を正当化するため文学に対する態度を決めたように見えると筆をすべらせているが、無論、これは後世の者がする推測の域を一歩も出ていない。悲恋以前の読書遍歴や父の教育を考えても、以後の仕事についてかの悲恋に主たる原因ありなどとはとても言えない。なにしろ、柳田が自ら「うそ」とした悲恋は、遂に「実験」として残らなかったのである。もちろんそれはある程度の偶然に恵まれた結果かも知れない。しかし、そんな偶然をこそ必然と考えたのも柳田その人である。「筆で書く話」では〈生きた「もの」〉に起こった「実験」に遡ることはできないという信念の実証の列に、長い人生と膨大な仕事を費やしたその身さえ加えてみせるのだ。柳田は遊動民である山人論を放棄せず重視していたと論じた柄谷行人に対して、大塚英志は山人論も「固有信仰」論も「ロマン主義を唯物論的に超克しようとして迷走してきた」柳田の「ロマン主義的揺り戻し」であるとしている（週刊ポスト二〇一九年四月十九日号）が、私はそのような揺れて戻ってなお一貫している点にこそ柳田の凄味を感じる。

ちなみに、柄谷は『遊動論』の中で、柳田の狙いを「村々における現実の祖霊信仰から出発し、そこから固有信仰にいたること、さらに、そこに普遍宗教を透視すること」とし、その特異性を指摘した上で、同時代の類似を一つだけ挙げている。シュリ・オーロビンドによるヒンドゥー教思想である。「彼は、仏教やキリスト教にならってヒンドゥー教を「人類教化」するのではなく、古典の「ヴェーダ」に遡ろうとした。そこにインド的であるとともに「普遍的なもの」がある、と彼は考えた。それは、生活のなかで実践されるべきことであり、「信じるというより生きられるもの」であった。」（『遊動論』）

政治運動家として知られていたオーロビンドは、スワミ・ヴィヴェーカーナンダの影響下で宗教思想への探求を出発させている。ヴィヴェーカーナンダはインドでも無名の僧だったが、一八九三年にシカゴで開かれた万国宗教会議でヴェーダンタ哲学について説いたことで熱狂的な人気を博したという。これによって西洋でのヒンドゥー思想の受容が始まるが、その評判が逆輸入される形で母国にも広まり、オーロビンドの耳にも届くのだ。

時を経て一九三三年、アメリカでの思想の普及のため、ニューヨークにラーマクリシュナ・ヴィヴェーカーナンダ・センターが設立されている。その創設者スワミ・ニキラーナンダに教えを乞うたのが、他でもないサリンジャーである。

＊

サリンジャーの恋愛経験にも、ウーナ・オニール、ジーン・ミラー、ジョイス・メイナードなど深刻に思えるものは多いが、こうした互いによく似ている少女たちへのアプローチをいわゆるいい年になって以降も繰り返し、七十になろうという時には女優キャサリン・オクセンバーグに夢中になり、どうも事実に基づいているらしいゴシップ記事まで書かれたとなると、これは明らかに一つの「真剣」ではあるものの、柳田の悲恋と同質に扱うことはできない。そこに「筆で書く話」への拒絶を見ることも不可能ではないが、ここでは取り扱わない。

代わりに問題とするのは、サリンジャーがごく近しい者以外にはほとんど語ることのなかった戦争体験である。

サリンジャーは志願兵として第二次世界大戦を経験している。歩兵ではなかったがノルマンディー上陸作戦に加わり、ヒュルトゲンの森で補充されてきた若い兵士たちが次々に死んでいくのを目の当たりにし、カウフェリンク強制収容所ではホロコーストの人類最初の目撃者となり、PTSDの治療を受け、退役軍人たちとの交流だけは死ぬまで絶えることなく、戦場で『ライ麦』などいくつかの小説を書くために使っていたタイプライターを修理しながら戦後も長く使い続けたという事実を思い返すだけでも、少なくとも「ハイカラな概念を吹きとばされた」ことは想像に難くない。
サリンジャーの戦後の小説を鑑みると、柳田が「我々の求むるもの」で危惧していたように、小説という形式が自分の体験を「全く別のもの」にしてしまうことを恐れていたというのが正しいと思われる。書いたものが書き手の真実を表し続けることの不可能性が、「出来事」の記述を遠ざけるのだ。
その戦争体験には、「母の糸車」的な「耳で聴いた話」が残されている。娘のマーガレット・サリンジャーはこう語っている。

なにがあろうと母にはずっと感謝し続ける、戦争のあいだずっと靴下を編んで毎週毎週送ってくれたからだ、って父は言ってたわ。あの冬、たこつぼのなかで靴下が命を救ってくれたんだってね。足が乾いた状態でいられたのは、知り得る限り父一人だったそうよ。

（『サリンジャー』）

こうした記憶に対する、作家自身の説明と思しきところを取り上げることはできる。「大工よ――」の作中で紹介されるシーモアの日記から、軍生活の臨時外出の際に、恋人のミュリエル（M）と映画に行く場面だ。

グリア・ガースンの息子の飛行機が出撃中に行方不明になる場面で、暗がりの彼女を何度か見やった。彼女は口を開けていた。はらはらしながら夢中で見ている。メトロ・ゴールドウィン・メイヤーの悲劇との完全な一体化。ぼくは畏敬と幸福を感じた。彼女のこの識別することを知らない心情をぼくはいかに愛し、かつ必要としていることか。子供たちが母親に見せに仔猫を連れて来る場面で、彼女はぼくの方を向いた。Mはその仔猫がとても気に入って、ぼくにも気に入ってもらいたいのである。彼女の愛するものをぼくが自動的に愛さない場合に、きまって彼女が感じる疎外感を、このときも彼女が感じているのが、暗がりでもはっきりと分った。あとで、いっしょに駅で飲物を飲んでいたときに、彼女はあの仔猫を〈なかなかいい〉とは思わないかと言った。彼女は〈かわいらしい〉という言葉を使わなくなった。いつぼくは彼女に普通の言葉を使うことさえ控えさせるような恐怖心を起させたのであろう？　なにしろ間抜けなぼくのことだから、『感傷性』ということについてのR・H・ブライズの定義を紹介した——『ある対象に、神が注いでいる以上の愛情を注ぐとき、これを感傷的態度と言う』と。神が仔猫を愛することに疑問の余地はないが、テクニカラーの毛糸靴をはいた仔猫は、十中八九、愛さないのではないか。ああいう独創的なタッチは、神も脚本家にまかせているのだ、と、わたしは（きいたふうなことを？）言った。

（「大工よ、屋根の梁を高く上げよ」）

ここには、小説を「経験の拡大」と言ったこともあるサリンジャーの「実験」に関わる「もの」が勢揃いしている。ご丁寧にも、この場面の前には「日夕点呼のときは身も凍る寒さだった」とある。サリンジャーは、戦場での自分を凍傷から救ってくれた母の編んだ靴下の思い出がなぜ重要な「実験」であり得るかについて語っているのだ。「靴下」はよく似た毛糸靴にとって代わっているが、仔猫に履かせたそれをシーモアは愛することができない。それは「脚本家や監督やプロデューサー」が選んだもので、サリンジャーが戦場で履いた、母の編んだ「靴下」とは似て非なるものだからだ。

また、この場面でミュリエルは、サリンジャーの作でたびたび評されるような「イノセント」な存在として描かれながら、言葉遣いの点では、そこから脱する兆候を見せている。ミュリエルが「普通の言葉を使う」すなわちまず頭に浮かんだ実感の伴う言葉を使うことなく、恋人である自分に合わせた言葉を用いるよう変わってきていることを、シーモアは悔いている。

柳田は、明治以来の標準語での国語教育を不甲斐なく思い、「五十幾年もかかって普通の人は、思ったことの半分も言えず、たまたまおしゃべりができればみな口真似だ。我々は無意識にうそをつかされている」（『国語史　新語篇』）と書いている。「かわいらしい」を「なかなかいい」と言うようになったミュリエルが傾きかけているのは、そのような「おしゃべり」である。

エスペラントにも熱心に取り組んだ柳田は、かつての村落にあったような、共通の経験と感覚の組み込まれた言葉を教える国語教育たるべきと意見し、そのような「標準語」を夢見た。「常民」とそう呼ばれない者の境も、共通の経験と感覚をもつ言葉を話すかどうかにあると言ってよい。経済成長期に農村と都市の差異は均《なら》され、そうした言葉が経験と感覚を伴わないものになるのと同時に、常民も消滅したのだった。

サリンジャーにとって、共通の経験と感覚をもつ言葉でしか語り得ぬ最たるものが戦争体験であった。彼は、第二次世界大戦中、戦場で見たと思われる描写を含む短編をいくつか書いたが、終戦後には、戦争について書きながらも、直接的な描写を入れてはいない。

一九四四年の「最後の休暇の最後の日」で、すでに「心から信じていること」として「いま戦っている者も、これから戦う者も、戦いが終わったら、口をつぐみ、どんな形であれ、決して戦争のことを話してはならないということ」(『このサンドイッチ、マヨネーズ忘れてる／ハプワース16、1924年』)を作中人物に語らせている。

また、詳細な体験は家族にも滅多に話されることはなく、話しても断片的な内容に留まっている。親しく深い関係であり続けた戦友に限ってその思い出を共有するというのが、生涯貫いた態度だった。「最後の休暇の最後の日」には「本物の友情を知ったのは軍隊に入ってからなんだ」という台詞もあるが、防諜部隊で常に行動を共にしていたポール・フィッツジェラルドとの交友や手紙のやりとりは、それを証明するものだ。中でも、一九九〇年七月二十七日の手紙は興味深い。

CIC（防諜部隊）分遣隊のみんな、もしくは被害者たち、僕らが当時なんであったにしても、その名前を君がいとも簡単にすらすら言えるのには本当にびっくりしたよ。（中略）ポール、君が調子良く、幸せでいてくれて嬉しいよ。そのままでいてくれ。それは時にはとても困難なことだけど、でもなんにせよ、そうであってくれ。

（『サリンジャー』）

「そのままでいてくれ」は、サリンジャーについて回る言葉である。それは、他人だけではなく絶えず自分にも向けられた。「シーモア―序章―」の冒頭で、語り手のバディはカフカの引用を置いている。

俳優たちと同席すると、いつもわたしは、自分が今まで俳優たちについて書いたことはほとんど嘘であったという気がしてきて、ぞっとする。わたしは彼らのことを、ひたむきな愛をもって書きはするが、能力が変化するために嘘となるのだ（いまこうして書いている間にも、これもまた嘘になる）。この変化する能力は、本当の俳優の姿をあざやかに描き出すことはなく、この能力にあきたらず、したがってこの能力が働くのを防ぐことによって、俳優たちを保護していると考えるような愛の中に、くすんで消えてしまうのである。

このカフカと、それからキルケゴールの二つの引用をした理由について、「わたしがここに集めたいと思っているたくさんの資料全体に対して自分がどういう関係に立っているかを非常にはっきり伝えておきたいから」と書かれている。それに続く兄シーモアに関する記述について、自分が書いたものは書いたそばから嘘になっていると宣言しているのである。なぜなら、博物館を訪れるのと同じく、書いている時点で自分の「能力が変化する」すなわち「どこかが違ってる」からだ。

紛れもない事実である戦争体験を書いたところで、それは既に嘘になっているし、またこれからも嘘となり続ける。サリンジャーにとって嘘を免れるのは、それを共に体験した戦友との会話に、自他ともに表れる「耳で聴いた話」の中だけなのである。

柳田が花袋の評価をしなくなったのも、「重要な所は想像で書」くよう花袋の「能力が変化している」ためであったと言えよう。晩年に至っても評価した「重右衛門の最後」については、「あの副主人公は北信の人で、田山の家へ来ていたものだから、私もよく知っていた」と書き添えており、その「実験」とのずれの無さが、評価の基準になっていることを知らせている。鼎談

「文学と土俗の問題」でも「小説と称するものの中にどんどんそういう生活報告の入ってくることも異議はないけれども、どこかでわかるようにして、全部が真実である、全部がファクツであるというようにわれわれを安心せしめてもらいたい」とし、「学問上に引用することができないことの不便を語っている。

サリンジャーにとって「筆で書く話」への不信は、柳田以上の不便をもたらす。小説家という仕事に自己矛盾をもたらすからだ。あらゆる経験を抱え込んだままその袋小路に入っていく中で、サリンジャーは「ズーイ」でそうしたように、「読者」について目を向けていった。

一九六三年の『大工よ――』の献辞には、こんなことを書いている。

もしも世にまだ読書の素人という方――もしくは、ただ本は走り読みするだけという方――がおられるならば、わたしは、言いがたい愛情と感謝をこめて、その方にお願い申し上げる、なにとぞこの書の献呈の言葉を四つに分割して、わたしの妻と二人の子供とともに受け取られんことを。

自分の小説を捧げたい、世から消えかかっている存在が「読書の素人」だとサリンジャーは宣言する。これは「太ったおばさん」の変奏であるがゆえに、「常民」ともよく似た概念で、だから同じ風に消滅するものであると私は考えている。

「シーモア―序章―」では、ジョン・バカンの小説の一節「これらの鳥――平均体温華氏百二十五度の小動物――はあらゆる生物のなかで、もっとも清純な心に近いようにみえた」を引いた上で、その理想的な「読者」は「鳥類を一番愛している」はずだとしている。この「清純」とは、柳田が『明治大正史 世相篇』で書いている「最初われわれの心持が鳥などのごとく一様であった時代には、流行が同時に各人の趣味であり得た」という時の「心持」だと言っていいだろう。無論それは、言葉が同じ経験や感覚を担っていた時代である。

　献辞によれば、サリンジャーがそんな「心」を持つ「読書の素人」の消滅に心付いたのは、日本でも「常民」消滅の転換点となったであろう一九六〇年代なのであった。気に障るのは、当時の書評家に代表されるような共通の経験と感覚をもたない言葉を操って「筆で書く」連中であったはずだ。『フラニーとズーイ』出版の際に「自分はこのような物語を通してしかヴェーダーンタの考えを普及させることはできない」（『サリンジャー』）という内容の手紙をスワミ・ニキラーナンダに送っているが、次のような場面は、その「普及」に対する反応への諦めの態度をささやかに示している。「わたしは彼に、教えるという仕事で意欲を失わせるようなことがあるとすればそれは何かとたずねたことがある。彼はまったく意欲を失わせるようなことはなさそうだが、考えるとひとつだけぎょっとすることがあると言った。それは大学の図書館の書物の余白にある鉛筆の書き込みを読むということだった」。（「シーモア―序章―」）

柳田は、昔話研究にあたって「うぶの素人はとにかく、鼠色の分がなかなかやかましい」というところから始めている。その「鼠色」と表現される矛先は「童話」という言葉を用いる人々だ。柳田によれば、「童話」は「一種の作文、すなわち童児に聴かせるというよりむしろ読ませるために、新たに筆を執って書いたもの」で、題材が桃太郎であろうが舌切り雀であろうが「昔話」とは明白に別物であるのに、それを混乱させて「学問の進歩を妨げる」と書いている。「個々の場合としては童話と名づけてよい昔話でも、国全体を通じてはそうは言うことができず、ただ普通にまたは多くの土地で、子供に向くように話されているに過ぎぬのだということを知らねばならぬ」としているように、柳田にとって「筆で書く話」の領域を主張することは、特に日本語においては〈生きた「もの」〉に遡ることを怠ることでしかない。作家たちが「一ぺん誰かが口で使った言葉」だけを用いれば「文章は良くなる」と語ったのも同じ意味だろう。

とにかくに日本のハナシは元は聴くものであった。一人が多く語り、他の人々が黙って受け返事だけをしているもので、この点で対談や論判と、はっきりとした差異があった。

（「口承文芸史考」『柳田國男全集8』ちくま文庫）

サリンジャーが献呈で示した小説家と読者の関係がこれによく似たものであったことは、「シーモア—序章—」の読者に対する言及をいくつか抜けば理解できよう。

甲高く不愉快な声（わが読者の声ではない）。あなたは兄さんがどんな様子だったか話すと言ったじゃありませんか。なにもこんなつまらぬ分析やべたべたしたことはききたくありませんよ。

（「シーモア—序章—」）

ああ、そこにいるあなた——羨むべき黄金の沈黙を守っている読者よ

（同前）

わたしと同じ年齢で同程度の収入があり、自分の死んだ兄弟のことを魅力的な半ば日記形式で書く非常に多くの人間は、わざわざ読者に日付を知らせたり現在自分のいる場所を教えるようなことはしない。共同で仕事をすることなど考えてもいないのだ。わたしもそんなことはするまいと誓っている。

（同前）

また、柳田は「ハナシ」という語の用法が広くなったため、「口で語って耳で聴く叙述」のみを指す場合は「説話」という語を代わりに用いるようにしたいという提案をしているが、「大工

よ――」の冒頭は、シーモアが生後十ヶ月のフラニーに道教の「説話」（『列子』説符篇）を読んで聞かせてやるエピソードから始まる。

「彼女に何か読んでやろうと思ってさ」シーモアはそう言うと、書棚から一冊の本を抜き出した。「だって、まだ生後十ヶ月だぞ」とわたしは言った。「分ってるよ」シーモアは答えた「耳があるからな。聞えるさ」

この夜シーモアが、懐中電燈の光でフラニーに読んでやったのは、彼が大好きな話で、道教のある説話であった。フラニーは、シーモアが読んでくれたのを覚えていると、今日《こんにち》でも断言して譲らない。

（「大工よ、屋根の梁を高く上げよ」）

続けて、その説話が、シーモアが読み上げた「そっくりそのまま書き記」されている。私の考えでは、この場面でサリンジャーは、「筆で書く話」を「耳で聴いた話」に近づけようとする試みを表明しつつ、同時に、その限界も示している。

シーモアは「読む」のであり「話す」のではない。フラニー自身が「読んでくれたのを覚えている」と断言するように、それは本質的に「筆で書く話」であり、柳田が述べる「耳で聴いた話」ではないのだ。

しかし、サリンジャー自身がそれを良しとしていたということではない。なぜなら、『フラニーとズーイ』に描かれている彼女の懊悩の原因も、遡れば生後十ヶ月のこの時にあると考えることができるからだ。フラニーは、シーモアが読んでいた『巡礼の道』という書物に救いを求めながら塞ぎ込んでいる。彼女が救われないのは、それが「筆で書く話」である以上、いくら読んでもシーモアの口と自分の耳が働く「ハナシ」にはならないという、生後十ヶ月で置かれた状況をもどかしく繰り返すからである。だから彼女は結局「シーモアと話したい」と言う羽目になる。それを救ったのが、ズーイから聞くシーモアの「ハナシ」すなわち「説話」であったことは既に述べた通りだ。ちなみに、その時の会話の手段が、直接顔を合わせるのではなく電話であったことは、サリンジャーが『ライ麦』から抱いてきた、作者と読者の関係の理想を思わせる。「本当に僕が感動するのはだね、全部読み終わったときに、それを書いた作者が親友で、電話をかけたいときにはいつでもかけられるようだったらいいな、と、そんな気持を起こさせるような本だ」。

(『ライ麦畑でつかまえて』)

このように、小説すなわち「筆で書く話」の中で「耳で聴いた話」の優位性を示し、それを「耳で聴いた話」のように受け取る「読書の素人」を求めるという何重もの矛盾の中で、サリンジャーは「ライ麦」以後の作品を書いている。

それは、『大工よ——』の上梓前後で書かれた「シーモア—序章—」と「ハプワース」でいよいよ極まる。この二作の大きな特徴は、「一人が多く語り、他の人々が黙って受け返事だけをしている」という「ハナシ」の状況を再現する構造にある。

英語などでも to tell と to say とはまったく別の行為で、説話の Tales は前者から出ている。うそを言うとか冗談をいうなとかの語はあっても、「昔話を言う」とは誰も決して言わぬのは、ハナシが本来は普通のモノイイでなかった証拠である。（「口承文芸史考」『柳田國男全集8』）

「シーモア―序章―」で、書き手であるバディは "I have many, many unfelicitous-sounding things to tell you."「わたしは、読者に、いろいろとたくさん下手な話をして聞かせたいのである」と自ら書き、それをどんな状況で書いているかまでたびたび言及しながら、〈生きた「もの」〉として読者に語りかけている。「わたしは、あまり仲間意識がない読者なら同じことだと思うが、少し下腹の出たほぼ中年の男がこのショーを進めていることをたえず意識しているのである」、「これから三十分ほど、床の上に体をのばすことにする。それでは失礼」。バディは読者に対して、ズーイがフラニーを救った「ハナシ」を行おうとしているのだ。

しかし、おそらくサリンジャーは、「シーモア―序章―」がなお「筆で書く話」に留まっていると考えていたはずだ。懸念は大きく分けて二点。まずは、カフカの引用が示すように、シーモアの「幼児か少年」時の「実験」を語るには、時を経て「中年の男」になったバディの能力が変化しすぎていること。もう一つは、それを出版する以上は根本的で単純で避けがたい問題だが、バディが話すのではなく書いていることだ。

この二つの問題点のせいで、シーモアについて書いたことは、やはり「ウソ」になっている。それは、シーモアが自殺する日のことを書いた「バナナフィッシュにうってつけの日」（一九四八年）以来、サリンジャーが抱き続けていた問題であった。

> 一九四八年以来、わたしは彼について少なくとも十二の短編もしくはスケッチを書き、ことごとしく、みんな燃してしまった——そのうちいくつかは、こう言ってはおこがましいが、かなり気がきいていておもしろく読めるものもあった。しかし、それはシーモアではなかった。シーモアのために控え目な言葉で描けば、それは、やがて成熟して嘘になってしまうのだ。たぶん芸術的な嘘というのかもしれないし、時には快い嘘でさえあるが、嘘は嘘なのだ。
>
> （「シーモア―序章―」）

「ハプワース」では、この二点を乗り越えるべく工夫が加えられた。それは、七歳のシーモアが一九二四年の夏休みにメイン州のキャンプ地・ハプワースに来てから十六日目に家族に送った手紙を、一九六五年にバディがタイプライターで書き写している、という構造をとっている。「ぼくはこのベッドに仕方なく寝ている」と自分の書いている状況を伝えるのは、「シーモア—序章—」の時と変わらない。また、この手紙が日を空けず家族に届いている事実から、シーモアがこの文章を、まさにその時に推敲の暇もなく一気呵成に書いて送ったことが知れる。言わば家族に「話す」ように書かれた手紙を、バディは「言葉も句読点もそのままに」書き写す。だからこの小説は、四十一年前にされた「ハナシ」の伝承という構造であると言える。そうすれば「少なくともウソはない」のである。

内容にふさわしいちゃんとした文章を書くってことは、ぼくみたいな幼い、物知らずにとっては、おもしろいし、いい時間つぶしになるんだ！　今年中に、大げさな言葉づかいから抜けだせれば、すごくうれしい！　それができない限り、若き詩人、学者のような知識人、気取りのない人間になることはできないからね。母さんと父さんにお願いがある。図書館で会うか、散歩のときに会うことがあったら、ミス・オーヴァーマンにも頼んでほしいんだ。冷徹な目でここからあとの文章を読んで、基本的な文法、カンマやピリオドの使い方、文章の品位のどれかにおいて、大きなミスはもちろん、ささいな不注意でも、もしあったら、すぐに教えてって。用事のついででもいいし、ばったり会ったときでもいいから、ミス・オーヴアーマンにそう伝えてほしい。ぼくの文章はつまらないけど、それでも容赦なく徹底的にチェックしてって。そして、にこやかにこういってほしいんだ。ぼくは何よりも、自分の書き言葉と話し言葉の大きなギャップに死ぬほどうんざりしているって！　二種類の言葉を持っているということは、すごく気持ちが悪くて、不安なんだ。

（「ハプワース16、1924年」傍線引用者）

ほとんど冒頭にあたるこの部分で、サリンジャーは、柳田が抱いていたのと全く同じ問題意識と、それを小説において超えようという意志を表明している。

訳者の金原瑞人は、あとがきで「ハプワース」についてこう紹介する。「雑多な知識が詰めこまれ、古今東西の作家や著書への讃辞や批判が書き連ねられ、端々に両親に対する批判、忠告、助言まで書きこまれている。七歳とは思えないほどの性への関心や処女性への言及、また宗教的な関心が書かれたかと思うと、前世に関する意味深な考えまで顔を出す。ときどき、異様に長い文もあり、異様に長い段落もあり、難解な表現もある。「どうしてこんなに読みにくいのか？」と思う人も少なくないはずだ」。

だから、こうした内容にはもちろん意図がある。その意図は、柳田が「新聞や雑誌の発行部数の増加」の前後、すなわち「読書の素人」が減っていく時代の村々での説話の変化について述べた文章をもってその説明としたところで、何の問題もないと私には思える。

好みの昔話が次々に変化して行くように、説話も時代につれて次々の流行と推移があったのである。近世の実例では大きな戦争が何度かあって、田舎の隅々までも人の関心がこれに集注すると、帰還兵士の見聞談というようなものが、本人または受売りによって家々の炉端を賑わして、その時間だけは古くさい説話が排除せられる。新聞や雑誌の発行部数の増加につれて、これを読んだ者が読まぬ者に、話して聴かすことが多くなれば、自然に無用に帰するものが一方にできるわけで、ハナシの種類は際限もなく多岐になって来るが、そういう新たな大事件のきわめて稀であった社会とても、決して昔話ばかりをして夜を更かしていたのではない。村の日待の寄り合いの晩などに、昔も非常に人望のあったのは、土地の旧事を叙述する歴史説話とも名づくべきもの、これもほぼ一定の形をもって、耆老の記憶の中に活きていた点は昔話と一つだが、聴く者説く者がともにこれを真実とし、笑ったり疑ったりすると無礼になる点が、断然他の一方の昔話と異なっている。しかもこの中にも愉快で奇抜で、かつやや伝来を批判し得るものが、折々はまじっているのである。(「口承文芸史考」傍線引用者)

平和郷裡の新たなる出来事は、多くは衆人が知識を共にするので、これには意見の交換があっても、説話の成り立つ余地はないのを常とするが、それでも稀には旅とか探検とか、または偶然の遭遇とかによって、一部少数の者のみが知っているという場合がある。こういうのは速かに経験を平等にする必要から、特に説話化する傾向が強かったのである。話者独自の才能が叙述の表面に現われやすい点はよほど文芸に似通い、また後期の昔話とも縁を引くのだが、この方はとにかくに事実に基礎を置いている。（同前、傍線引用者）

ただの若輩の尋常人が、卒然として説話の主となり、満座の視点の焦点となり得る場合は、個々の見聞の報告より他になかった。だから口舌に自信ある者が、競うてその機会を窺うたのである。これにはもとより個人の行動、群には知られない抜駆けの試みが、やや自由になりかつ必要になっていることを条件とするが、一方にはまたそういう話の種を儲けたいばかりに、好んで独立孤往する者のあったことも推測せられる。本来は聴く者を楽しませ驚歎させるのが趣意だから、報告とは言っても相応に誇張やほらが多く、かつ広すぎるほど取材の範囲の広いのが、おそらくこの種の説話の新らしい魅力であったろうと思う。世間話という語は学術的でないかも知らぬが、これらを総括しかつ昔話と対立させるのに、似つかわしい名前だから、私は採用する。「世間」は日本の俗語では、わが土地でない処、自分たちの属しない群を意味している。そこから出た話だから幽界の消息と同じく、仲間の好奇心を刺戟

（同前、傍線引用者）

するのである。

つまり、サリンジャーが「シーモア―序章―」から「ハプワース」という二作で作ろうとしていたのは、「実験」を含んだあらゆる説話や世間話をする「一人が多く語り、他の人々が黙って受け返事だけをしている」という状況――作中人物にとってそうであるというだけでなく、実際の作者と読者にとってもそうだという状況である。その時にサリンジャーが願う「聴く者説く者がともにこれを真実とし、笑ったり疑ったりすると無礼になる」という理想は「羨むべき黄金の沈黙を守っている読者よ」という呼びかけが物語っている。

金原瑞人は「ハプワース」の翻訳にあたって、「なるべく読みやすい形でということだけは心がけ」たと書き、原文では「レス」「ベシー」となっている両親への呼びかけについて「日本語ではまずありえないが、英語でもほとんどないだろう」として、「父さん」「母さん」に改めている。しかし、サリンジャーが伝承されるべき説話や世間話の如き「ハナシ」を念頭に置いていたとすれば、「父さん」「母さん」と呼ぶことなど、それこそ「ありえない」のだ。むしろこの不自然な選択は「書き言葉と話し言葉の大きなギャップ」が要求せざるを得なかった口承文芸への擬態で、作者の意図を裏書きするものではないか。

この例が如実に示してしまうように、サリンジャーは、今も昔も文学に関わっていると自任する「読書の素人」ではない人間たちの外で、むしろそれから逃れるために書いていた。その当然の結果として「ハプワース」は批評家から酷評されたが、それは紛れもなく、未達ながらも一つの達成である。管見では、このような態度を時流に抗って保ち続けて己の仕事に還元した者は、サリンジャーをのぞいて柳田以外に見当たらないし、柳田が早々に見切りをつけたどだい無理な問題の中でもがき、手を尽くしたのがサリンジャーであるからだ。

二人の信仰と興味は、何よりも文学に対する態度は、あまりにも似通っている。繰り返せば、それは彼らが言葉の先に〈生きた「もの」〉の「実験」を見ずにはいられない人間だからである。それは、ラジオに出る時に「靴」を磨く態度だとか、先祖を大事にする心とか、彼らの用いたどんな例にも通底する性分である。それぞれの仕事に反映されざるを得ないその信念が、サリンジャーの「ハプワース」に至る語りの変遷と、柳田の言語芸術に対する見解を一致させるに至ったのである。

サリンジャーにとって交流できる宗教者の存在はありがたかっただろう。彼らは文学的知識があるとは言えず、その小説に教義を見出している。ある意味では求めていた「読書の素人」と言ってよいものだったが、サリンジャーがそれに満足していたという風にはどうも思えない。もし満足していたとすれば、晩年まで書きためていたといわれる未発表作を読ませたはずだ。私は希望も込めて、サリンジャーは小説家としての矜持を胸に秘めたまま生きていたのではないかと考えている。

アメリカで『大工よ――』の出版が準備されている一九六二年に柳田は亡くなっている。仕事の性質上、海外にはほとんど紹介されず、二十一世紀になっても「『遠野物語』と『先祖の話』が英訳で読めるのみ」（『世界の中の柳田国男』）というが、その思想と仕事ぶりの潔癖さほど、サリンジャーの励ましになるものはなかったはずだ。

それから、こんなことは蛇足に過ぎないと思うが、この文章に歩を進めるきっかけになった二本の足ではあるし、それが同じところから別方向に伸びて一つの股をつくっていることにも私は大いなる必然を感じているから、最後、「シーモア―序章―」に倣って引用を並べておきたい。少年時代の柳田が例の神秘体験を他言する前に考えていたことと、バディの小説に対するシーモアの短評の一部である。

自分だけで心の中に、星は何かの機会さえあれば、白昼でも見えるものと考えていた。

（「幻覚の実験」）

おまえの星たちはほとんど出そろったか？　おまえは心情を書きつくすことに励んだか？

（「シーモア―序章―」）

＊参考・引用文献

赤坂憲雄『柳田国男を読む』ちくま学芸文庫、二〇一三年
大塚英志『偽史としての民俗学 柳田國男と異端の思想』角川書店、二〇〇五年
岡谷公二『柳田國男の恋』平凡社、二〇一二年
柄谷行人『柳田国男論』インスクリプト、二〇一三年
柄谷行人『遊動論』文春新書、二〇一四年
柄谷行人『世界史の実験』岩波新書、二〇一九年
桑原武夫『雲の中を歩んではならない』文藝春秋新社、一九五五年
J・D・サリンジャー『ライ麦畑でつかまえて』野崎孝訳、白水社、一九六四年
J・D・サリンジャー『キャッチャー・イン・ザ・ライ』村上春樹訳、白水社、二〇〇三年
J・D・サリンジャー『ナイン・ストーリーズ』野崎孝訳、新潮文庫、一九七四年
J・D・サリンジャー『フラニーとズーイ』村上春樹訳、新潮文庫、二〇一四年
J・D・サリンジャー『大工よ、屋根の梁を高く上げよ／シーモア―序章―』野崎孝、井上謙治訳、新潮文庫、一九八〇年
J・D・サリンジャー『ナイン・ストーリーズ』柴田元幸訳、ヴィレッジブックス、二〇〇九年
J・D・サリンジャー『このサンドイッチ、マヨネーズ忘れてる／ハプワース16、1924年』金原瑞人訳、新潮社、二〇一八年
デイヴィッド・シールズ、シェーン・サレルノ『サリンジャー』坪野圭介・樋口武志訳、角川書店、二〇一五年
ケネス・スラウェンスキー『サリンジャー 生涯91年の真実』田中啓史訳、晶文社、二〇一三年
千葉俊二、坪内祐三編『日本近代文学評論選 明治・大正篇』岩波文庫、二〇〇三年
スワミ・ニキラナンダ『ヨーガを学ぶ人々に』小松文彦他訳、ヴェーダーンタ文庫、一九七六年
R・A・モース、赤坂憲雄編『世界の中の柳田国男』菅原克也監訳、伊藤由紀他訳、藤原書店、二〇一二年
柳田國男『柳田國男全集』ちくま文庫、一九八九～一九九一年
柳田國男『柳田國男全集』筑摩書房、一九七九年～
宮田登編『柳田國男対談集』ちくま学芸文庫、一九九二年

書評

『職業としての小説家』

村上春樹／スイッチパブリッシング

本を読むにつれて、まるっきり個人的に読むことは少なくなっていくものだ。読めば読むほど、知識が増えれば増えるほど、「文学」というものが否応なくのしかかり、時にしびれをもたらす。そのうち、読書が歓びをもたらす場合の震源は、自分ではなく自分の中にある「文学」なのだと思うようになる。個人的な感動なんかより、長い歴史の中で偉大な先人たちが積み上げてきた「文学」の震えを感じる方が大事に決まってる。こうなると、一冊の本を手にとって、我こそは唯一無二の読者だと無邪気に信じる機会など、滅多に訪れるものではない。良かれ悪しかれ「文学」にしびれきった者の兆候である。

そんな中、本書を思い切り個人的に読んだ。というのも僕は、著者が一九七九年に受賞した群像新人文学賞の、今年（二〇一五年）の受賞者である。一応小説家として自分の本が出て二週間、手続きを終えて入場口を通過したと思えたころに本書が出版された。入場してすぐにパンフレットが渡されるみたいなタイミングだった。自分のような読者は世界中のどこをさがしたっていない。素直にそう思えた。

本書には「総体」という言葉が二つの意味で登場する。「総体＝massとしての読者」と、「総体＝wholeとしてのテキスト」だ。wholeは欠けることのない全体、massは分離可能な集団である。

読者を念頭に置いて書く時の「読者」とは何か。そう自問した著者は、「総体として、僕の作品を正しく受け止めてくれている」読者を導き出し、それは凝縮された「架空の読者」とほぼ同義だとする。著者の訳書『フラニーとズーイ』の「太ったおばさん」を思い出さずにはいられない記述だ。「架空の聴取者」たる彼女は、あの才気走った兄妹の想像の中で、具体的な身体的特徴を持ち、共に癌に蝕まれていた。しかし著者は、自分の「架空の読者」は「年齢も職業も性別も持っていません」と書く。一方で、ある事実や人物を観察するにあたっては個別の具体的なディテールを頭に保管するよう心がけると書く。つまり、ディテールはある事実や個人に付随するもので、「架空の読者」が持てるものではないというのだ。それにディテールを与えようとしたサリンジャーという実例をすら持つ「文学」はやはり大したものだが、著者はかつて、サリンジャーの選んだ道を「極度の孤立化・内向化」と呼んだ。

二〇〇九年イスラエル、著者は小説を書く理由について「個人の魂の尊厳を浮かび上がらせ、そこに光を当てるため」と人々の前で話している。「個人」とはすなわち読者だ。だから、本書で「読者の存在をはっきり念頭に置かざるを得なくなった」と述懐している『羊をめぐる冒険』に、鯨のペニスがこんな風に登場するのは、きっと偶然ではない。

「鯨のペニスは鯨から永遠に切り離され、鯨のペニスとしての意味を完全に失っていた」

鯨とは、そのペニスとは何であるのかを特定するのは野暮だが、そこに「総体」の周辺への興味が根ざしていることは間違いない。切り離されて意味を失うのなら、それはもともと分離不可能な「総体＝whole」であったことになる。そして僕は（馬鹿馬鹿しいまでに個人的なことではあるけれど）、二つ目の「総体＝wholeとしてのテキスト」から「鯨＝whaleとしてのテキスト」という冗談もといイメージを引き出さずにはいられないのである。

つまり、書き上げられたテキストは、座礁してしまった鯨のように誰のものでもない。なぜそこにいるのか自分でもわかっていないだろう。沢山の人々が、砂浜に座礁した巨大な鯨のあちこちに立ち、それを解く。この鯨の座礁と人々の殺到を、聡明なロラン・バルトは「作者の死」と呼んだ。著者も「テキストの役目は、それぞれの読者に咀嚼されることにあります。読者にはそれを好きなように捌き、咀嚼する権利があります」と認めるところだ。その作業は、場外での小競り合いもありつつ、鋭意進んでいるらしい。しかし、ふと目を戻せば、やはり鯨はいつまでも鯨という「総体」を保ったまま横たわっている。少なくともその作業が続く限り、切り離されて展示室に置かれることもない。著者が「物語というシステムを通して」つながり、「養分が行き来している実感があ」ると書くのはそういうことだろう。読まれ、咀嚼され続けることでテキストは生き残る。

『羊をめぐる冒険』で主人公の「僕」は、切り離されて意味をなくした鯨のペニスがもたらす絶望を振り切るために「我々は鯨ではない」と自分に言い聞かせた。ここで「僕」ではなく「我々」という言葉が使われることが昔からちょっと不思議だったのだけれど、結局これは「whole」ではなく「mass」だということではないか。そもそもアレは「たくさんの羊と一頭の羊」をめぐる冒険だとガール・フレンドが言っていた。著者はこの時すでに、テキストと読者という二つの「総体」を峻別し、一方に隠されている個人と向き合おうとしていたのかもしれない。異なる様相を見せ始めた「何のために小説を書くのか？」という問いの中で。

それを証明するように、小説を書くことを「どこまでも個人的でフィジカルな営み」とする著者は、現在でも「作者の死」に対する最も健全な回答者であり続けている。現実の読者と言葉を交わし「総体＝massとしての読者」を個人に還元していこうと身銭を切り続ける小説家を、僕は（不勉強ながら）村上春樹以外にろくすっぽ挙げることができない。

本書は、一貫した態度を保ち続けることにまつわる個人的記録である。「個人的な実感」に優るものなしと考える著者は、他人の実感に立ち入ることはない。その越権行為を、小説の登場人物に対してだけは自らに許し、徹底して行う。そのためならなんだってするし、なんだってしない。あらゆるものに癒着した個人の魂は、その姿に励まされるのである。

『このサンドイッチ、マヨネーズ忘れてる／ハプワース16、1924年』

J・D・サリンジャー（金原瑞人訳）／新潮社

本書に収められた作品を初出順に並べると、九編のうちの八編、デビュー作「若者たち」から「マディソン・アヴェニューのはずれでのささいな抵抗」が、一九四〇年から一九四六年までに発表されたものだ。そこには第二次世界大戦が横たわり、サリンジャー自身にも暗い影を落としている。志願兵として戦地へ赴き、最前線の手前で諜報部として役目を果たし、ホロコーストを目撃した若手作家は、軍支給のタイプライターを使い、塹壕の中でも書いていたという。それらの作品の後で『キャッチャー・イン・ザ・ライ』を書き、その毀誉褒貶をきっかけに田舎での隠遁生活に向かい、グラース家の物語だけをいくつもの作品にまたがって発表し、一九六五年の「ハプワース16、1924年」を最新作として保ったまま沈黙し、二〇一〇年に死んだ。

つまり、本書にはデビュー間もない作品群と最後の作品が収録されている。通して読んで痛々しくも鮮やかに浮かび上がるのは、「ハプワース」で幼いシーモアがキャンプ地から家族への手紙に書くように「自分の書き言葉と話し言葉の大きなギャップに死ぬほどうんざりしている」作者の姿である。最初と最後の作品を比べればその変化は一目瞭然だ。互いに要領を得ないながらも続いていく話し言葉が多くを占める「若者たち」から、緻密で回りくどい書き言葉で綴られた手紙である「ハプワース」へ。

子沢山のグラース家の中でも、ほとんどの作品で中核を担うことになるのは書き言葉を操る者たちである。その筆頭、長男シーモアと次男バディは、青年期まで同じ部屋で暮らし膨大な本を共有した存在として登場する。その数々は「ハプワース」を含めた連作の中で具体的な書名を知ることができるが、同じ書き言葉の蓄積が二人を——シーモア曰く——「いつも、体の奥の奥から、心の底の底までひとつのふたり」にしているのだ。

しかし、シーモアが小説を書かず、バディは書くという点で、二人は枝分かれした存在でもある。人間シーモアと作家バディの兄弟を描くことで、サリンジャーは一人の人間かつ作家としてどのように生きるべきかという自身の問題に向き合っていたはずだ。「ハプワース」の中で、シーモアが「名誉をかけていうけど、原因はなんであれ、ぼくたちはどちらかが死ぬときには、もうひとりが必ずその場にいるはずだ」と書くのも「ひとつのふたり」だからにほかならないが、今の引用の何よりも最初の部分を読み飛ばしてはならない。作家であり人間でありという問題を「死ぬ」まで引き受けていることは、サリンジャーにとって間違いなく「名誉」に関わることとなのだ。

二人のうち、先に死ぬのはシーモアで、残るのはそのシーモアによってこう予言されている作家の方だ。「バディはこれから先、大都市のしがらみから永遠に離れていくだろう」、「この幼くて魅力的な男の子は将来、先のとがった書きやすい鉛筆と紙がたくさんある部屋ならどこにでも飛び込んで、バタンとドアを閉めてしまうようになるかもしれないんだ」。

こういう実人生と重なる部分を遺作から拾ってきて、サリンジャーは人間を捨てて作家になったとか、バディこそサリンジャーの分身だと言うのは簡単だが、全然そうではない。なにしろ、この小説の真に感動的なところは、冒頭で言明される、母親から送られてきたシーモアの手紙をバディがタイプライターで書き写しているという構造なのだから。

手紙を「タイプしようと思う」と読者に伝えることで現れるのは、書き写しているバディの姿であり、その時間である。先回りしたシーモアが手紙に「今話題にしている男の子は本音を絶対にもらさない」と書いている通り、バディは沈黙したまま手紙を写し終える。手紙を書くシーモアと手紙を書き写すバディがその文章によって重なり、それが一つの小説として存在する時、人間シーモアと作家バディはお互いの領分を超えて、分かちがたい「ひとつ」となっている。サリンジャーがそれを実感したかどうかはわからないが、その実感を目指して書き、かつ生きることは、名誉なことに違いない。

この名誉に自らを捧げたのがサリンジャーという作家であり、その集大成が「ハプワース」という小説だったと僕は思う。発表当時、酷評されたのも無理はない。どれほどの人間にこの名誉がわかるだろう？　どれほどの人間が、何であれ、同じような覚悟と矛盾と葛藤を頭から離さぬように生きられるだろう？

享年九十一歳。「ハプワース」を書いた以上、新たな作品を世間に発表することが名誉に寄与するはずなどないという信念を証明するような人生だった。初期短編が収められ、訳者あとがきのついた本書を読むと、生前それらを厳しく禁じていた作家の死を実感して切なくなったりもする。しかし一方で、本書が今ここに存在することは、比類なき作家かつ人類が死によって厄介な名誉から解放されたことの証明でもあるのだ。そう思うと、やっぱりサリンジャーは人生を賭けていた。

『アナーキストの銀行家　フェルナンド・ペソア短編集』

フェルナンド・ペソア（近藤紀子訳）／彩流社

　フェルナンド・ペソアが死んだ時、そのトランクには二万五千点以上からなる雑多な原稿が詰め込まれていた。それが日の目を見ることなく多くの異名において書かれていたことが、この人物の死後の評価を決定づけることになる。ペソアはその異名者のサインを異なる筆跡で作りもし、占星術によって人物像も定めていたし、彼らの方でもペソアを論評したり手紙を送ったりすることもあった。つまり、それらは別人格や分人といったものではなく、自分とは別の人物として造型されようとしていた。本書に収められたのは、そんなペソアの作品としては「完成度の高い」七編の短編小説とのことだ。

　巻頭に置かれた「独創的な晩餐」は、アレクサンダー・サーチという異名者によって英語で書かれた。この異名者は生年月日をペソアと同じにするので、ともに二十歳での作品ということになる。少年期を過ごした南アフリカからポルトガルに戻ってリスボン大学で学んでいた頃だ。物語はとある晩餐会の「独創性」を読者に隠したまま進行していく。語り手が読者のミスリードを誘いつつ、最後にそれを上回る秘密が明かされる。これまでの邦訳で詩や断片にばかり触れてきた読者からすると良くも悪くもまとまった話である。ペソアが、こういう筋書きのはっきりした物語を書こうと思えば書けるが、以後書かなかったという点で興味深い。

こうした物語は、秘密が明かされる時が作品の完成だという目論見のもとで書かれ始めるはずだが、一方、ベルナルド・ソアレスの名において書かれた『不安の書』には、こんな記述がいくらでも見つかる。「私はなにかを完成してしまうと、いつも呆然としたものだ。呆然とし、がっかりする。私がものを完成することができないのは、完璧癖のせいにちがいない」、「私たちのしていることはたんに、しようと思っているものの不完全なコピーにすぎない」、「ほとんど出来上がった感覚があった場所から一歩進み、文字へと変換すべくテーブルの方へ持ってゆこうとすると、言葉が私から逃げてゆき、ドラマは消え失せてしまう」。

もちろん、これを鵜呑みにするわけにはいかないのがペソアのややこしいところなのだが、彼が「独創的な晩餐」を、うっかり完成されてしまった完璧なものの不完全なコピーと考えていたことは想像に難くない。着想と書かれ始めた文章の間にはずれがある。異名者という形式が忘我の賜物だろうと責任逃れの手続きだろうと、それは着想をする「自分」と「書く者」のずれに由来するはずだ。ペソアが七歳の時に初めて書いた「おかあさんへ」という詩は、当時の子供のポルトガル語の用例としても珍しく、母親を二人称の「あなた」と呼ぶものであったというが、ペソアはやはり始まりからずれていた。

このずれを凝視する者たちが、不思議と同じ時代に集まっている。ペソアより五歳年上のカフカは「この両手は書く作業と机にしがみつく作業の両方をしなければならない」と日記に書いた。自分の着想に文章が追いついてこなければ、机にしがみついてなどいられず、書く作業は放棄されてしまう。当然、こうした人物の机には膨大な断片が残される。カフカは友人にそれを燃やすように伝え、ペソアはトランクに残したまま死んだ。二葉亭四迷の『平凡』は、本名の長谷川辰之助と年齢や職位をずらした語り手による、人生の実感と文学のずれをめぐる私的な断片を集めたような小説である。その最後は「二葉亭が申します。此稿本は夜店を冷やかして手に入れたものでございますが、跡は千切れてございません。一寸お話中に電話が切れた恰好でございますが、致方がございません」とある。その二十年前、同じく完も未完も曖昧な『浮雲』は出版事情もあって坪内逍遥の本名を借りて発表された。それに対する長谷川辰之助の自意識が「くたばって仕舞え」と自身を罵ることで「異名」が整った頃、遥かポルトガルでペソアが生まれている。

言文一致ならぬ感文一致を夢見た者たちの闘いは、いつも孤独だ。その判定を下す者は自分しかいないし、彼らは自分が望む判定を決して下さない。完璧などないことを知りながら、それでも書かねばならない者のかりそめの完成の手段として、もしくは自分の口から完成と嘯《うそぶ》かぬための手段として、断片が残され、異名者が求められたように思える。「致方が」ないとでも呟きながら。

そんな生活を支えるものがあるとすれば、その手段を取り続けるうちに帯びてくる実感だろう。「忘却の街道」は、闇夜の騎馬行をする男が、事故の感覚に混乱をきたし、「この騎馬の大軍まるごとすべてが、ひとつの人間の孤独なのだ」と考えるも、またそれが現実のように思えて、という出口のない話だ。ペソアは、その狭間で揺れながら書いていたそのこと自体を書き、書き果たせることもなかった。

表題作の「アナーキストの銀行家」もまた同様の深読みをしたくなる会話劇である。現状のブルジョワ社会を打倒するアナーキズムは、結局はそれを打破するために結集して新たな専制政治を生んでしまうと主張する男は、その唯一正しい方法を考える。それは「みんなでおなじ目的に向かってはたらくのさ、ただし、ばらばらに、ね」というものだ。これを書く時、推敲する時、ペソアが自分の異名者たちについて考えなかったはずがない。結局、この方法も賛同する者の少なさから社会変革にはつながらないため、男は銀行家として金を稼ぐことでブルジョワ社会の虚構を征服するという世間に隠れた個人的実践をするに留まる。「僕は理論と実践においてアナーキストだ」という宣言にペソアを想う。実感から遠く離れた論理としての言葉で埋め尽くされたこの作品ならとでも思ったか、ペソアは死ぬまで出版を目指していたらしい。

『ペンギン・ブックスが選んだ日本の名短篇29』

ジェイ・ルービン編／新潮社

小説を書いていると、登場人物が本を読んでいる場面に出くわすことがある。若い女でも初老の男でも機上でもテニスの審判席でも何でもいいが、とにかくある程度の状況が描写されていて、その人は何か本を読んでいる。そしてそれは直接ストーリーに影響するものではない。そんな時に、むざむざアンソロジーを読ませる小説家はあまりいないのではないだろうか。本書に序文を寄せている村上春樹は、アンソロジーについて「福袋」という喩えをやや遠慮がちに出しているが、小説の登場人物にアンソロジーを読ませようという場合、やっぱりその人物は「福袋」でも買いそうな……という漠然とした浮薄さを有してしまうのではないかと不安になる。もちろん、そんな人物がいたって一向に構わないのだけれど、それは、小説家それぞれが持ち、小説にも根ざしている「哲学」とあまり相性が良いものではないように思われる。

アンソロジーというのは、そういう固有の「哲学」を持ちづらい形式だ。さらに本書では、英語版で発売されたものを日本語版にするにあたって、翻訳前のオリジナルが掲載されており、原著において強調されていたであろう異国文学を紹介するという狙いが薄まっているという事情もある。というわけで、「哲学」のありかは、自ずと一点に集約される。タイトルにある「ペンギン・ブックスが選んだ」つまり編纂者であるジェイ・ルービンが何をどう選んだか、という部分だ。もちろんそれは、当人の書いた「あとがき」を読めばわかるようなものでもない。また、そもそも限られた中から「選ぶ」という行為に、十全に込められるものかといえばなかなか難しいだろう。

小説なら話は違う。冒頭の話でいうなら、僕の小説内の誰かの読んでいる本がジェイ・ルービンの小説『日々の光』でなければならず、場面はきっとフランクが編集局でサンタクロースの話をするところだなどと思える時、彼(彼女)は僕のイメージする『日々の光』の読者と言っても差し支えないという気がする。小説というものは、書いた結果でありながら「書く」という行為や過程の色も濃く残していて、それは読者が時間をかけて読むことによって感得されうる。その思考の重なりが像を結び、ただの物質に過ぎない本に固有のイメージを宿らせ、さらにそのイメージが、『日々の光』という小説や作者の「哲学」を照らし出すということだってある。

アンソロジーでは、読者が目の当たりにする複数の作品から「選ぶ」行為を感得することは至難の業だ。読者は選者から与えられたものを読むばかりで、そこから汲み取れるのはせいぜいその「意図」くらいである。僕はあまりそれを楽しんできた方ではないが、こうして水を向けられて眺めてみると、本書のラインナップが、実に味わいがいのある妙なものだということに異論はない。読んだことがあるものは二十九篇中十三作品あったけれど、それらも、大胆にテーマを示されて並べられると、(忘れているということもあるが)否応なく別の趣をもって迫ってくるものだ。

とりわけ「自然と記憶」の章では、「意図」を勘繰る面白さを味わえた。そもそもが当てにならない記憶を巡る阿部昭「桃」に始まり、小川洋子『物理の館物語』における洋館に住まう女とその記憶に対する寄り添い方は、すぐあとに置かれた国木田独歩「忘れえぬ人々」で鮮やかに相対化される。その後に、レコードの中にいるがゆえに時を隔てても変わらず浜辺を歩き続けるイパネマ娘を思う村上春樹「1963/1982年のイパネマ娘」が置かれることで、先ほどの読みが僕にとっての「2005/2019年の亀屋の主人」であったことを思わずにいられないというのは、この順番で読んでこそのものだ。こうしてまんまと過去と現在について意識した読者は、最後の最後、柴田元幸「ケンブリッジ・サーカス」で、今いる現実を数ある現在のうちの一つとしか捉えられないという気分に誘われる。

序文によれば、村上春樹自身は全く思い入れのない「1963/1982年のイパネマ娘」を収録するにあたって、ジェイ・ルービンが「執拗に掲載を迫っ」たとのことだ。言うまでもなく「意図」の実現には様々な苦労が伴うのである。まして、その「意図」はそれぞれの作者の与《あずか》り知らないところで進行するのだから大変だ。こういう大変さは普通なら表に出ることもないけれど、作者とその訳者という二人の関係性あって付された長い序文によって「選ぶ」という行為の生々しさが垣間見えるのも、本書のユニークなところである。

「自然と記憶」の章もそうだが、互いに反する「哲学」を持った短編が同じ本の同じ章の中に並ぶということは、一人の作家の短編集では実現しえないことだ（実現するならその作家には「哲学」がないのだろう）。また逆に、別々の作者の作品が全く和やかに軒を連ねているなら、それらは毒にも薬にもならない作だし選択だったということになる。その時、それらの作品は――これは僕が『日々の光』を読んで様々な解釈と一緒に思い浮かべ続けていた言葉でもあるが――「良き隣人」とは言えないはずだ。そんなことを考えながら読み進めて佐藤友哉「今まで通り」に突き当たれば、震災後の現実が想像させた、後ずさりして離れたくなるような隣人の姿が描かれている。「良き隣人」と言うは易い。そんな後ろ暗い気分を帰るべき現実に持たされて、ジェイ・ルービン編だということを実感させられた。

もちろん、そんなことは考えずとも、読者の自由を謳歌して虚心坦懐、一つ一つの作品ごとを好みに応じて読むこともできるし、読まないことだってできる。僕の場合、川端康成の「五拾銭銀貨」は繰り返し読んできた思い入れのある掌編だ。母子の会話や物を気に入る心情、二章の最後の文章で血も出ぬような浅い切り口がつくられるや穏やかに戦争が話全体に覆い被さってしまう構成と語り口。「あの傘を買っておいたところで焼けただろう」という一文にやはり唸った。が、その途端、さっき読んだ「ケンブリッジ・サーカス」が思い出されて、繊細で感傷的な創造をはねつける戦争の途方もなさを思い知るのだから、やはりこれはどうしたって、「意図」の奥に編者の「哲学」の存在を信じさせる稀有なアンソロジーだと言ってよいだろう。

『ののの』

太田靖久／書肆汽水域

「ののの」には山と積まれた雨ざらしの白い本が出てきて、そこには「の」の字の形の目をした鳥が棲んでいて、「僕」はそれを「ののの」と名付けて、だから「ののの山」で、タイトルは「ののの」というわけだ。

この小説は、あらすじの上だけでは十分に機能しないような言葉で綴られている。会話は調子と論理を外し、人間との関係と記憶は固定されずに思い出されて変わりゆく。それを表す全ての文字が「のの山」に積みあがった本には書かれている。

「ここに文字を書いていい人間は限られている。雨の日に本の山から文字が染み出すのが見えていて、あの白い鳥に宣告を受けたことがあるやつ。そういう人間は想像することができ、自分が存在しなかった場所で起こった出来事を知ることができる」。

望んだわけでもなく選ばれてしまったそういう人間が、その能力がゆえに「欲望が全然見えない」者としてこの小説の中にいるのは、その人物の欲望が、想像が為された瞬間に雲散霧消する類のものだからだろう。「僕」は、自分が何を欲望していたかを、それを想像した瞬間に初めて知るのであり、それまでは欲望を自覚することも、それを目指して想像することもできない。「つまりお前の想像の中でお前の想像通りのことしか起きないのだとしたら、それは本当の意味での想像ではないのだ」。

こうしたことを著者がどの程度「小説を書くこと」に重ねているかは一読者が断じられることではないが、それは著者が一人称を多用することと無関係ではなかろうし、「ののの」が新潮新人賞を受賞したデビュー作であることも、その想像をたくましくさせるものがある。なぜなら、その小説が一人きりで書かれ、書き手によって区切りをつけられた時、それはまだデビュー作ではない「白い本」に似た存在であったからだ。それで終わるなら話はまだわかりやすいし、この書評もテクストに目を凝らす方に向かおうというものだが、そうもいかないのは、「ののの」がデビュー作となってなお「白い本」の体裁を保ち続けたからだ。

「小説家を取り巻く現状は、本当にシビアだなと思います。現に僕は、作家歴は10年近くになり、文芸誌にコンスタントに作品を発表してはいるものの、いまだ単行本は出てません」(『生活考察』Vol.07)。

「ののの」は新人賞を受賞してもなお、他の短篇と合わせる形でも本にはならなかった。自分もこの業界に関わっているからには、そのシビアさはなんとなくわかる。著者のこうした経験が、後の『ODD ZINE』刊行を含めた作家自ら仕掛ける営業の数々にもつながっていると、これも単純に断じるのは憚られるけれども、とにかくその後の作品群が世間の目の届かない「のの山」の如き場所に置かれ、著者は「小説を書くこと」に加え、「小説を読まれること」にも想像を巡らせるようになったというのは事実といって構わないと思う。

そんな遍歴の全てが、デビュー作にその作家の全てがあるという格言を地でいくように「ののの」に既に含まれているのは、作者の「想像」の用心深さを端的に示すもので、不気味である。「僕」はかかってきた営業電話がきっかけで女と知り合う。女はその方法論を、その対象から外れた興味深い存在である「僕」に打ち明ける。「こっちは、彼らの裏側にある欲望を満たす素振りを見せればいいんです。軽くそこに触れ、こちらにはその準備があるといった態度を取れば十分なのです」。

そんな営業努力の結実でもあったかも知れない『ののの』が、長らく「のの山」に積まれていたことは、書かれた内容だけでなく、白さの名残を強烈にまとった装丁からもうかがえる。この本を言わば持ち出して出版したのは、書店員が一人で営む変わった出版社だという。そんなことは、書かれた時も読まれようとした時も想像されなかったはずだが、初めからそのように欲望されていたとしか思えないほど、「ののの」にふさわしい見事な事の次第である。それは明らかに、作中で父親が「僕」に教えたように「想像の中で自分が想像していないことが起こりうる」ように起こった。父親の言葉は切れずにこう続く。「ことを想像しておけ」。

この台詞は、予言というよりも志や覚悟に近いものだ。作者自身は『ODD ZINE Vol.3』の中で、「小説だけで食べていけてますか?」というクエスチョンに「何をしていても小説だと思う」と答えている。「ののの」には思い出せる限りの生活や景色が、あらすじや統一性と呼ばれるものを犠牲にしてでも書き込まれているが、そこでは「想像していないことが起こりうる」ことが真摯に待たれつつ、同時に作者の小説を定義し続けているのである。

『大工よ、屋根の梁を高く上げよ／シーモア―序章―』

J・D・サリンジャー（野崎孝、井上謙治訳）／新潮文庫

本が自分に何をもたらしたのかは不明だが、あんまり人のいない藪をこいできた自覚もある中で、一冊の本によって道らしきが見えることがある。同じ本が時を変えて何度もそれをもたらし、辿らせて見失わせたとなると、それは自分を変えた本ということができるだろう。

初めて読んだ時が一番おもしろかったヌーヴォー・ロマンについて訊かれたらシュールレアリスムに遡ってはぐらかすような人間になったのも、「どう書くか」は作品の問題ではなく作者自身の問題だという自覚が極まっていく二編をくり返し読んだせいかも知れない。しかも、最近読んだ時が一番おもしろい。自分は本の一部を書き写す習慣を持つけれど、いつか全ての文が別々に書き写されることになるかもと思う本はこれだけだ。

紙幅もないし、先日新たに書き写した文章のさわりを紹介して、己が光を隅々まで行き渡らせる作家の健康的な血圧の高さを示しておきたい。兄シーモアからの一番長く重要なメモがどこに

置かれていたかについてのさりげない記述だ。

「それは一九四〇年のある朝、わたしの朝食の皿の上に置いてあったものだ。正確に言えば、半分に切ったグレープフルーツの下にあったものである」

『サピエンス前戯』

木下古栗／河出書房新社

海外移籍したスポーツ選手がその重要性を語る通り、古今東西、ジョークといえば下ネタと相場が決まっている。普遍的なこの話題は、個人に染みついた文化や特質を無個性化する。一つのことに意識を切らさず生きられる人は一流とか天才とか言われ、何かにつけてすぐ下ネタが浮かぶ人も同じ部類ではあるのだが、そんなに有り難がられることがないのは大した実益がないからだ。でもサドが獄中で書いた作品は有り難がられるのだから、下ネタ自体ではなく「書く」の方に価値が潜んでいるのだろう。ということで、木下古栗の「書く」を見ていきたい。

「藤沢はレジ袋をそっとひらき、その中のパックから干し芋をつまみ出した。するとちょうど残りの一本に、もう一本が少しだけ上下にずれた形でくっついてきた」(「オナニーサンダーバード藤沢」)

干し芋は確かにそんな風になるものだが、日常でそれほど意識することはない。しかし、書き手がわざわざそれを「書く」せいで、読者はそのずれを見ることを強制される。この少しずれた干し芋を藤沢に差し出された「僕」は映画館でじゃがりこ以外を食すというルール違反の共犯となり、話は新たな局面を迎えるが、物語の進行のために干し芋のずれが持ち出されたのか、干し芋のずれがあって物語が進行したのか、読者に知る術はない。しかしその不明は、干し芋のずれまで描写する習慣を持つ書き手にとって、言葉が言葉を呼ぶ限り、話はその都度枝分かれ可能だという証明でもある。

この一場面への理屈を小説全体に敷衍《ふえん》してみると、描写ごとに発生する枝分かれをなるべく遠くへ進めたければ、言葉を呼ぶ言葉は多ければ多いほどいいということになる。では、どんな状況でどんな言葉が出されてもつい浮かんでしまう言葉とは、話題とは何か。もちろん下ネタである。つまり、下ネタは「書く」にあたっての最善の選択に過ぎないのだ。「下ネタ」自体を有り難がれば、最終目的であるオーガズムから遠ざかる。

それに近づくためのおかずはいくらあっても困らない。だから、干し芋のずれのような細部に目を配る必要がある。「酷暑不刊行会」では、フットサルで「最後のシュートが外れて片方のチームが入れ替わる」とでも書けば何てことない、組分けされた複数人ごとの複雑な動きが同時になされる面倒な一連が一段落六行を使って描写されていて、なんだかイけそうな気がする。ここで「網の境目を掻き分け」て赤いビブスと青いビブスが入れ替わる描写が血液循環を連想させるのは偶然ではない。こういう細部の働きが、小説の血の巡りを左右しているからだ。血が行き渡れば硬くなるが、硬くなるだけではイけない。実際問題、描写でイけるはずがないのだ。しかし、そこにこそ前戯の本質が、意義が、頑張りどころがあるという信念。木下古栗の「書く」が、ナニをかくにせよ、硬質的かつ禁欲的に見えるのはその信念のためである。

『謎ときサリンジャー 「自殺」したのは誰なのか』

竹内康浩、朴舜起／新潮選書

謎多き隠遁作家という世間のイメージに反して、サリンジャーは自身について作中で多くのことを語っている。しかし、その難解さと偏屈ぶりが障壁となって、作家と読者は隔てられてきた。批評家に酷評された最後の発表作「ハプワース16、1924年」は、書き継がれてきたグラース家の物語の一つだが、サリンジャー自身がアメリカでの出版を取り下げ、禁じ、作者が没した今でも本国では気軽に読むことができないという状況だ。

その一方で、「賢明な読者」なる存在を作中で想定しているサリンジャーを、世界中の熱心な読者が我こそはとばかりに私淑してきた――と断言できるのは私もその一人だからで、なかなか賢明な方だと自惚れながら、色々なことを書きためていた。本書で提示される大筋の読みは、グラース家の一番上の兄弟であるシーモアとバディーという二つの正体を抱え込んだ「どちらか」という状態についてサリンジャーが書き続けてきたというものだが、同様のことを「ハプワース

16、1924年」が収録された本（奇妙なことに日本では出版されている）の書評に書いた。本書で言及される「バディーの義足性」に関する多くの文はノートにまとめてあったし、「星々」や「破壊される頭蓋骨」にも注意を払ってきた。

だから、シーモアの拳銃自殺に他殺の可能性を見た上で、他作品も踏まえた証拠を突きつけて前述の読みを際立たせる手際に、多少の悔しさを覚えながらページをめくった。「頭蓋骨」を介して「銃声」や「水の音」はともかく「ビー玉遊び」にまで繋がるのには興奮した。結局、読み終えて残ったのは、嫉妬ではなく感謝の念だった。この賢明で鮮やかな謎ときを足がかりに、読者は小説に込められた別の謎も検討することができるだろう。

本書への讃辞として、その例を一つ挙げたい。「ズーイ」で、グラース家の末っ子フラニーに対してすぐ上の兄ズーイがこう語る場面だ。とはいえ、それを書いているのは兄バディーと思しき人物である。「僕が死んだときには、立派な頭蓋骨を持ちたいものだ。僕はヨリックくんみたいな麗しい頭蓋骨を渇望している。そして君だって僕と同じ気持ちのはずだ、フラニー・グラス」。ここで「ハムレット」を引いて説明される「立派な頭蓋骨」は、「破壊される頭蓋骨」とは対照的だ。書き手は、弟や妹が、頭蓋骨を撃ち抜く死の中で区別を失う兄達とは異なると明言している。一族の中で彼らを書き分けることで、サリンジャーは何を考えようとしたのか？

こんな謎ときをくり返せば作家へ辿り着くと思いがちだが、本書を読めば、それで明かされる作家や謎など高が知れていることもわかるだろう。作家に肉迫した上で、なお近寄りがたい後ろ姿とその謎自体を照らし出すところに、本書の立派さ・麗しさがある。

『柳田國男全集31』

柳田國男／ちくま文庫

柳田國男を読み返したのは、杉村楚人冠《そじんかん》について興味を持って読んでいるうちに、柳田國男がいろいろ書いていたなと思い出したからで、そのうちその派川《はせん》の方でばかり遊ぶようになったという次第で全集を拾い読んでいた。

ただしかしこの辺の人の交流というか水系というかは、およそ今では望み得ないような豊かな流域を抱えていて、昔の人ばかりがえらいすごいと思えるのは、みなあれこれ都合のいいこと言うようだが、ただ今の我々があまりに無知なせいだと断じて構わないような気分になる。

ソジンカンと打ったところでＡＴＯＫ以外では粗人勧や祖神感と変換されることからも不吉に察せられるように、杉村楚人冠とはどこのどいつだという人の方が多いということもあるから、「明治末期から昭和前期の東京朝日新聞で活躍したジャーナリスト」ですと説明を引っ張ってきて終わりにするけれども、彼を評して柳田國男はこう書く。

一つの問題は、楚人冠氏のような正真生粋のジャァナリスト、予言はきらい、追懐にもあまり深入りせず、観察は現在でかつ近所、批判は目前の問題従って読者は同時代人の中だけに限局して、ちっとも不自由をしないという人の文章が、どうしてまた永く伝わり、いつまでも面白くうれしく読まれるかということである。

全集を数時間もぱらぱらしていればわかるが、柳田國男はいかに「残される」かの問題についてばっかり書いている。彼が一人で立ち上げたような民俗学も多くはその問題を扱う。それは人や物が歴史に残るとかいう時の「残る」ではなく、もっとなんか、みんなが死んだあいつの話をするみたいにして「残される」営みの様を言っている。例えば蝸牛や河童や狐や狸が、人によって各地で呼び名や意味印象や説話を加えられて残されてきた過程とその結果は、その生態とは一致しない場合もあるにしても、とにもかくにも「狸や狐は人を化かす」とかそういうことが、様々な故あって確かに伝えられて残されてきたということは事実であり、その伝承の事実を扱うのである。

それで、楚人冠の文もまた残されるであろうと柳田は書いているわけだ。では、残されるものと残されないものの違いは何か、楚人冠の文はなぜ残されるか。これは皆も気になるだろうし、そういう趣味を持っている人はなんとか自分にも適用できないものかと思うだろう。思いなよ。柳田は楚人冠全集を読んだことで「約三十ばかりの理由を発見し得たような気がする」らしく、嘘でしょと言いたくなるが、「目ぼしいものを二つ三つ」書いてくれていて、一つ目を挙げれば次のようなところにまとまる。

第一には君の文章、これが腹に思っていることと非常に近い。（中略）わざとでなくとも文章になるように感じまたは思い、むしろ世の中のために文章になるような生活を楚人冠はしている。そっと脇からそのひとりごとを筆記しておいても、立派に読める随筆ができるのではないかと私などは思っている。

その生活がもう書くことに即しているから、生活での思いと文章が一致しているから書けるんだというわけで、ハウツーを期待していた人には申し訳ないが、そうするしかないらしい。本書の中には、交流や文通のあった南方熊楠についても書かれているが、もっと強烈に、同じようなことが書かれている。

杉村楚人冠は、まあ自分がこうして二〇二〇年に話題にするぐらいには残された人物と認められよう。千葉の我孫子に行けば楚人冠と踏める記念館もある。「死後も自分の名前や作品を残したい」という願いは誰しも一度は抱いたことはあると思うが、そんなケチな願いだけで、その生活を自分の事業に合わせることができるほど甘くはない。そもそも「残したい」という言葉の運用をする迂闊さがそれを困難にしている。

自分の行いが百年二百年「残る」ことについて考えるのはケチなことだが、百年二百年「残される」ことについて考えるのは、なかなかどうしてそうではない。そこには自分の関知することのできない人々の百年二百年のあまりに複雑極まりない営みが立ち塞がるからで、それを承服して我こそは残されると断言するのは、自分の頭や体にあるものつまり生活を全て傾けたところで到底ちょっとも叶うように思えない難業である。

その考えの際に、杉村楚人冠も知らないでどうするかということもある。別に杉村楚人冠でなくてもなんでもいいし、そもそも全知全能なんて不可能なのは承知だし、知らないことだらけが身に染みる毎日だが、知らなければどうすることもできないと何かにつけて焦っているような人間でいておかなければ、「残される」ことについて考える資格はないという気がしてならない。

『柳田國男全集24』「狸とムジナ」から一つ引くと、狸の各地方の名称には色々あって方言集にまとめられているがではそれは実際に何を指しているかと説明を見たら「狸の一種」と書いてあるということについて、柳田は「話にならない」としている。「小さなことのようだが、ともかくも我々はなお無知なのである。無知は何としてでも次々に知にしなければならない」

「残される」の片棒を担ぐには無知でもいいが、「残される」ことについて考えるには、あらゆる学問のあらゆる分野の力を借りて、いくら考えても足りるはずがない。事実と誤謬の双方やその優勢と劣勢の歴史まで知った上で、それがどう続いたものかとあやふやな未来を思わなければならない。それを面倒がって「残る」の作法で事にあたれば、事実や成果ばかりを見ることになってつまらない。こうした考えが蔓延すれば、ってもうとっくにしていると思うが、小説なんかもそういう作ばかりになっていくのは想像に難くないし、だからそれだって実際もうとっくなのである。

メルヴィルが『白鯨』を書く中で何を志していたか、もしくは何に脅迫されていたかということが、柳田國男を読むと腑に落ちるように思うなんてそんな様々な書物の精神の深い繋がりについてさえ、自分はなおも無知である。無知は何としてでも次々に知にしなければならない。

『ナチを欺いた死体　英国の奇策・ミンスミート作戦の真実』

ベン・マッキンタイアー（小林朋則訳）／中央公論新社

　スパイにまつわるものをいろいろ読んでそのことを考えているうちに、小説に書き込もうかというぐらいに根ざしてきたと思い、さらにますます読んでいったところで、直接使うのは「スパイ・ライク・アス」というコメディ映画だけだったりするけれども、まあ何事も知ることはおもしろいというか、おもしろい話というのが確かにある。戦争の話ということで他の知識が引き連れてくる後ろめたさはあっても、そんな状況下で生きていた人々の話が興味深いのを無視することはできずに読んでいる。

　イギリスの秘密情報部はＳＩＳ（Secret Intelligence Service）という名と、ＭＩ６の略称で知られている。第一次世界大戦下、諜報・情報収集活動における効率化を図るために戦争省情報部の元に各組織が再編され、任務の種類に応じて番号が振られ、ＭＩ（Military Intelligence）１～６までのうち、ＳＩＳに６があてられたので、そういうことになっている。

そこで繰り広げられる話というのは、生活と任務が一致している者達の化かし合いとどんでん返しの連続で、だいたい全部おもしろいが、第二次大戦中、ＭＩ５のチャールズ・チャムリー空軍大尉によって思いつかれ、ユーエン・モンタギュー海軍中佐によって進められた「ミンスミート作戦」などは特に、こんなことを言うとなんだが含蓄に富む。

詳細はWikipediaなんかで確かめてもらうとして、要は偽将校であるウィリアム・マーティン代理少佐の死体を偽の重要書類と一緒に、墜落や何かの不慮の事故に見せかけて海に流して敵国ドイツにさりげなく書類を読ませ、本来進んでいる計画とは異なる情報を信じ込ませようという作戦である。

情報を盗み見た（と思っている）ドイツ側としては、その情報が漏れた疑いをイギリスが持てば、書類に書かれた計画が変更されてしまうに決まっているので、スペインを通して見て見ぬ振りで封筒に元通りの細工を施して返却する。その上で、秘匿性の高さからその情報を「確度百パーセント」として取り扱った。

もちろんそれはイギリスに「ミンスミートは鵜呑みにされた」と伝わる。この作戦は、ヒトラーを完全に欺いて戦局を有利にするだけでなく、その後に同様の形で情報漏洩があった際に、その真偽を疑わせるという思わぬ効果までもたらした。現場の常として、気付かれれば致命的なミスも混じっていたそうだが、作戦は大成功に終わったのだ。

ドイツ軍が信じ込んだ決め手は、マーティンの持っていた劇場のチケットの半券の日付であったという。この作戦への自分の興味は、死体や写真や私物はもちろんのこと、ウィリアム・マーティン代理少佐の人生を創造するという配慮が、実に周到に行われたという点に集中する。

二人が創造したウィリアム・マーティンは、賢く「聡明」で、勤勉だが忘れ物が多く、身ぶりが大きくなる癖があった。娯楽が好きで、演劇やダンスに興じ、所持金以上にお金を使って、借金がかさむたびに父親に頼んで肩代わりしてもらっている。母アントニアは数年前に亡くなった。こうして家族関係が決まったら、次は経歴だ。マーティンは、パブリック・スクールと大学で教育を受けたことにした。かなり売れそうな小説をひそかに書き溜めているが、実際に出版したものは一冊もない。大学を卒業後は田舎に引っ込んで、小説を書いたり音楽を聴いたり、釣りをしたりして暮らしていた。どちらかといえば孤独を好むタイプである。戦争が始まると、イギリス海兵隊に入隊したが、嫌いなデスクワークに回されてしまう。「より活動的で危険な任務を求めて」コマンドー部隊に移り、技術的な問題、とりわけ上陸用舟艇の構造について能力を発揮して功績を上げた。ディエップ上陸作戦は大失敗に終わるだろうと予見し、事実そのとおりになった。要するに二人の作り上げたマーティンは、「徹頭徹尾いい奴」で、ロマンティックで威勢がいいが、少々不器用で、時間にルーズ、浪費癖もある男性だった。

ここには、（死体の）読み手に伝わるはずもない情報が多分に含まれているが、そもそも人間とは、伝わるはずもない無数の情報の塊なのだから、それを秘密裡に付されることで、その人間にリアリティが肉付けされていくのも無理はない。

ウィリアム・マーティンの説明に書き込まれた演劇に興じたという経験が、海水にふやけたチケットの半券に輝きを与えなかったとは言い切れないし、実際、その情報をもっているかいないかで、死体に半券を差し込む細工をする際の手つきだって変わってくるはずだ。そして、仕掛人のユーエン・モンタギューは、四枚綴りだったそのチケットの余りを使って、実際にその演劇を観に行きさえした。

任務を遂行するための準備とは、ここまで周到に、一角のために氷山をこしらえるが如く行わなければならないという点で、これが小説を書くことに似ていないとはとても言えない。もちろん、最高の秘匿性の中で計画を立てる現場の楽しみが高じて過剰に行われたということもあるだろうが、それならなおさら、似ていないとはとても言えない。

ユーエン・モンタギューは、結局は公開されなかったウィリアム・マーティンのための偽の長い追悼文にこう書いており、ほとんどウィリアム・マーティンになりきって活動を続ける心情のほどが窺い知れる気がする。

想像力豊かで芸術家気質の人なら誰でもそうだと思いますが、コマンドー部隊での経験は、マーティンの人生に新たな意味を、創造的な活動への強烈な刺激をもたらしました。彼は、戦争が終わるまでは一切の作品を公表しないと断言しました。ですから、彼の稀有な才能を広く世間に知ってもらうには、もうしばらく待たなければならないでしょう。

そして、この作戦にはもう一人、その職務上、世間に知られることを待たなければならない者がいた。別の仕方でウィリアム・マーティン代理少佐になりきり、身元を隠しきって作戦を成功させながら、その任務内容も手柄も一切知ることなく、あらかじめ死んでいた人物だ。

この本の最後は、生前「独身で、両親は正式に結婚をしておらず、おそらくは字も読めず、金も友人も家族もいない」「誰からも惜しまれず悲しまれずに死んだ」その男のために捧げられていて、泣ける。

『揺れうごく鳥と樹々のつながり　裏庭と書庫からはじめる生態学』

吉川徹朗／東海大学出版部

このご時世、マイクロツーリズムなんて言葉も注目されているが、当地に住んでいても顧みられないものというのは沢山あって、遠出して求めているものに比して何が違うかと言えば、特に何も違わない。ただしそれでも旅行へ出掛ける人に聞けば、こちとら見慣れていないものが見たいと言うだろう。

じゃあそういう時の見慣れているって何かというと、詳しくは知らないがいつも目に入れているぐらいのことだ。『となりのトトロ』の作中、水汲むサツキの足下にコンロンソウがあるなど判別できるくらい細かく描きこまれている草花みたいなもので、目に入れながら名前を知ろうとも思わず、そこで何が起こっているかについてもあんまり問題にされない。問題にされないことを問題にして、また逆説的に理想として、宮崎駿はそんなことをしたのだろうが、公開して年月が経とうと、「見慣れている」ものを問題にするのは、踏み越えた趣味の人や研究者ぐらいに留まっている。それを見て育ったはずの我々のうちの何割が、クスノキやジャノヒゲをすぐにわかるサツキほどに木や草について知っているだろう。こういう知識を「世界の解像度」なんて言葉で手段のように扱ううちは、理想から離れるばかりだ。

そうした見慣れているのに顧みられない場として、著者は裏庭と書庫を挙げる。

裏庭と書庫。どちらもある程度私たちの身近にある場所であり、あまりめだたない場所である。どちらもある種の狭さをもった、限定された世界にすぎないのは確かである。けれどもこうした身近な場所でも、好奇心を刺激する発見があり、興味を掻き立てる謎があり、それを解き明かす楽しみがある。大学の研究室のすぐそばにある「裏庭」で調査をはじめた私は、そんな発見と謎解きに導かれることで、研究を続けることができた。もちろん身近な場所を出て、遠く離れた海外のフィールドで研究することがすごく刺激的である。図鑑でしか目にすることがないかっこいい生物や珍しい生物を追いかけるのも魅力的だ。ふだんの環境から離れることで新たな視界が開けることも多い。だが同時に、私たちの近くの場所にも意外な発見はいくらでも転がっていて、そこからさまざまな謎解きをはじめることができる。「裏庭」に通うなかで見たり聞いたりする生き物たちの雑多な姿が、私にとっては研究の原点になった。

（「はじめに」より）

樹々と鳥たちの様々な関係から、種子散布について受粉について、つまりどのように樹々が繁殖していくかを考えるというのが著者の研究である。

とはいえ、話は著者が研究室に入るところ、そういう場所を顧み始めるところから順を追うので、顧みてぇなぁ自分も、ここらで、という感じを持っている人にも大いに参考になるだろうし、私も皆に対して、顧みてホヂ、とちみ語で思わずにはいられない。

それは、著者が研究を進める中で、そんな風に人知れず顧みている奴らのフォルダが火を噴くところがあって、無性に感動してしまうからだ。

著者が鳥と果実とのつながりを捉える上で出てきた問題に、「それぞれの鳥に対する観察努力量の多寡」がある。「たとえば、ヒヨドリは非常に多種の果実を食べていると記録されているが、この鳥の個体数が多いことが、記録された果実種数の多さに影響されているかもしれない。またすりつぶし型のキジやヤマドリも見かける機会こそ多くないが、もっとも人気のある狩猟鳥であり、胃内容が分析される機会も多い。これが食性幅の過大評価につながる可能性がある」というわけだ。芸能人が何を食べているか知りたい時に、ラッシャー板前が港で魚介類を食べていたという記録ばかり集まってきたらつらい。

著者は、日本野鳥の会神奈川支部が発行している『神奈川の鳥二〇〇一－二〇〇五　神奈川県鳥類目録Ⅴ』を手に入れて、問題解決に向かう。これは、神奈川支部の有志が、県内で観察される野鳥の行動を収集するために築いたシステムをもとに記録を数年ごとにまとめたものだ。

実に細かいそのデータに喜んだ著者が新たな目録をさらに購入すると、そこにＣＤ－Ｒが同封されていた。

何気なくこれをパソコンに入れて開いてみて、衝撃を受けた。そこには会員の方が一九七〇年代から収集されてきた全観察記録が、エクセルファイルに収納されていたのである。一件一件の観察記録について、日時、場所、環境、鳥の種、鳥の行動まで事細かな情報がすべて掲載されている。冊子に断片的に掲載されていた果実色のデータのそれぞれについて、元のオリジナルの観察記録が格納されていたのである（ただしプライバシーの観点から観察者の氏名は伏せられている。また希少種の保護の為に繁殖に関する記録も伏せるなど保全上の配慮もされている）。収録された観察件数は全部で十八万件以上、そこに出現する鳥は三八〇種にのぼる。そのオリジナルデータの質と量は圧倒的なものだった。

日本野鳥の会神奈川支部は、『ＢＩＮＯＳ』という支部独自の研究誌をもつなど、鳥類の研究と保全活動に力を入れている支部であるということは以前から知っていた。これまでの鳥類目録の著作で、そのアクティブな活動は知っていたが、これほど整理されたデータを目の当たりにして、大きな衝撃を受けた。すごいデータだ。後日、支部の会員の方にお話を伺ったところ、設立当初からこの支部では野鳥の基礎生態について関心が高かったという。一般にバードウォッチングをする人は、珍しい鳥を見つけることに感心を向けることが多く、それはそれで鳥の分布の貴重な情報になるのだが、神奈川支部では普通種の生態に感心をもつという伝統があり、その観察データの蓄積を継続され、生態の解明と鳥類保全とに活用されてきたという。目の前にある鳥類目録のデータが、たくさんの会員の方による長年の努力の結晶であることが、一目見ただけですぐに理解できた。そして、このデータを使うことでこれまでの研究の課題に取り組むことができる。そう直感した。

感動して長々引用してしまったが、こういう踏み込んだ人々の得がたい努力と協力が支えている自然への理解と興味を、自分の並べる文字列にも書き込みたいと思う。トトロに描かれた里の森林や川は、作中の時代よりも、公開した時代よりも、保全の進んだ今の方が顧みやすいものになっているところも多いのだから、足をのばす甲斐もある。

途中に著者も書いているが、公園で鳥を観察していると「何か（珍しいの）見ましたか」と声をかけられることが多い。「それはそれで」有益だし、池の裏にオオルリが来てまっせと自慢げに教えたこともあるが、やはりそういう「顧みない」タイプの発想には熱心に付き合いきれないところもある。

見慣れないものを見たいというのは己の知に積極的な態度なのだろうが、もはやそれが人類にとっての知であることは滅多にない。知は、己の、我々の無知に積極的な態度で顧みる人が残してくれる。そんな人と共に過ごしたい。もちろん、そういう人の多くは全国の裏庭や書庫にいて、せいぜい何かの機会に袖を振り合うだけなのだが、互いにそれもまたよしと思っているに違いない、信頼し合う仲間である。

野鳥の会神奈川支部の中心は、平塚市博物館の学芸員をして神奈川大学に勤めた浜口哲一という人物で、著者がデータを研究に利用させてもらえないか連絡をとってみると「研究目的の利用なら歓迎します」と快諾してもらえたという。


このように真摯に対応いただいたことには感謝しきれない。じつを言うと、浜口先生のお名前は以前からよく存じ上げていた。私が野鳥観察をはじめた当時いつも持ち歩いていた図鑑(『野鳥』山と渓谷社、叶内・浜口一九九一)の解説を書かれていたのが浜口先生だったからだ。ボロボロになるまで使い込んだ馴染みの図鑑、その著者の方とのご縁を不思議に思った。

『サガレン　樺太／サハリン 境界を旅する』

梯久美子／角川書店

サガレンはサハリン／樺太の旧名である。

死んだら人はどうなるか。どこに行くか。というか、この前死んだ「わたくしのいもうと」のトシはどうなったのか、どこに行ったのか。宮沢賢治は花巻からサガレンへ行きて帰りし旅の中でそれについて考えた。

というのは年譜に照らして詩を読めばそれはそうだという比較的知られた話で、研究も沢山ある。そして、さすがの賢治もそのためだけに樺太まで行ったわけでもなく、表向きの目的は、樺太の王子製紙に勤めていた旧友を訪ね、教え子の就職を頼むためだ。実際、二人ほど就職したという。

研究によって、人間が人々に資するようなよい形に仕立て上げられるうちに、変なところが混ざるかはしょられるかする。それに感づいた上でそれを払っていく行程を経ることで、本当に資するのはこの真実の姿なんだと思うかする、それもまた変なところで、結局、人のことなんてどこまでいってもわかったとは言い切れない。自分だって、書くんだ読むんだそう生きるんだと文面で装ってはいるが平常の生活があって、それをみんな見られたら、調子のいいこと言いやがってと思うだろう。

だから、あまり神格化しないでちゃんとやろうよということなのだが、宮沢賢治くらいちゃんとやってないものが大量にくっついている人も珍しい。

例えば、本書で紹介されるように、賢治が花巻から青森に向かう際に書いた「青森挽歌」に「わたくしの汽車は北へ走つてゐるはずなのに／ここではみなみへかけてゐる」という部分があるのを、疲労で意識が朦朧としているためとか、「方角や場所、あるいは時間といったものの所在が生と死という異質なものと等質化を遂げようとすると、まったく意味を喪失してしまう」ことを示しているとかいう解説を付したものがあったりする。これの何がちゃんとしていないかというと、賢治が乗った東北本線には、単純に南下する区間があるだけなのだった。

出来上がりが文字の並びであるのをいいことに机上で行われる研究から勘違いが生まれて、それが勘違いだとわかる。初めから調べておけば何事もなかったのだけれど、人間のやることだから仕方がない。そこから生まれた色々もある。

まあ上のような例は机上でも対処できたはずとは思うけれども、書かれたもののうちには、どうしたって机上で対処できないものもある。特に宮沢賢治は外を歩き回る自分の心象をスケッチすることで自らの理想郷たるイーハトーヴを創り上げてきたのであって、それは到底机上と断じられるものではない。著者も当然、その手の考えを持っていて、だからサガレンまで行こうと試み、南へ向かう東北本線にも難なく気付く。

先日、磯﨑憲一郎さんと「文學界」誌上で対談をした。話の頭を磯﨑さんが作ってくれたが、その内容は、「図書新聞」で自分の書いた『金太郎飴』（河書房新社）の書評についてであった。そこで自分は、収録されているエッセイの一つに書かれた千葉の我孫子の古墳公園を実際に訪れて書評を書いたのだけれど、それで保坂和志さんの小説にある、老犬を散歩していた海で小学生の女の子たちがわざわざ膝まで水に浸かってかわいいかわいいと犬を撫でてくれたことの嬉しさを書いた場面を引き合いに出して、自分が書いたものにそんな風に歩み寄って来てくれたことが嬉しくて、それだけでいいというようなことを話された。

最近、自分もそれを逆の立場で味わった。担当編集者がTwitterで秒速でいいねしたものが流れてきて、自分が小説に書いた場所を訪れている人を何人か見た。

誰かと同じものを見たいという気持ちは何か。その誰かが死んでしまっている場合もあることを考えると、それを目に見える耳に聞こえる形で共有したいという願望でもなさそうなのに、我々はそれを見て確かめたがる。

著者も旭川で賢治の見たのと同じかもしれない樹木を見つけてなんとなく嬉しそうだが、そういうのは不思議な気持ちだ。そこでは何が確かなものになっているのか。

賢治は帰りの汽車、函館へ向かう途中、きれいな円形を描いた内浦湾（噴火湾）沿いを走る汽車で「噴火湾（ノクターン）」を書いている。

いゑんどうの澱粉や緑金が
どこから来てこんなに照らすのか
（車室は軋みわたくしはつかれて睡つてゐる）
とし子は大きく眼をあいて
烈しい薔薇いろの火に燃されながら
（あの七月の高い熱……）
鳥が棲み空気の水のやうな林のことを考へてゐた
（かんがえてゐたのか
　いまかんがへてゐるのか）
車室の軋りは二疋の栗鼠
《ことしは勤めにそとへ出てゐないひとは

　みんなかはるがはる林へ行かう》
赤銅の半月刀を腰にさげて
どこかの生意気なアラビヤ酋長が言ふ
七月末のそのころに
思ひ余つたやうにとし子が言つた
《おらあど死んでもいゝはんて
　あの林の中さ行ぐだい
　うごいで熱は高ぐなつても
　あの林の中でだらほんとに死んでもいいはんて》
鳥のやうに栗鼠のやうに
そんなにさはやかな林を恋ひ
（栗鼠の軋りは水車の夜明け
　大きなくるみの木のしただ）
一千九百二十三年の
とし子はやさしく眼をみひらいて
透明薔薇の身熱から

青い林をかんがへてゐる
ファゴットの声が前方にし
Funeral march があやしくいままたはじまり出す
（車室の軋りはかなしみの二疋の栗鼠）
《栗鼠お魚たべあんすのすか》
（二等室のガラスは霜のもやう）
もう明けがたに遠くない
崖の木や草も明らかに見え
車室の軋りもいつかかすれ
一ぴきのちひさなちひさな白い蛾が
天井のあかしのあたりを這つてゐる
（車室の軋りは天の楽音）
噴火湾のこの黎明の水明り
室蘭通ひの汽船には
二つの赤い灯がともり
東の天末は濁つた孔雀石の縞

黒く立つものは樺の木と楊の木
駒ヶ岳駒ヶ岳
暗い金属の雲をかぶつて立つてゐる
そのまつくらな雲のなかに
とし子がかくされてゐるかもしれない
ああ何べん理智が教へても
私のさびしさはなほらない
わたくしの感じないちがつた空間に
いままでここにあつた現象がうつる
それはあんまりさびしいことだ
　（そのさびしいものを死といふのだ）
たとへそのちがつたきらびやかな空間で
とし子がしづかにわらはうと
わたくしのかなしみにいぢけた感情は
どうしてもどこかにかくされたとし子をおもふ

トシが一九二二年の十一月に死んだ、その前の七月の高熱を賢治は思い出している。同時に「一千九百二十三年」、賢治が函館に向かう汽車で思うトシは、同じ青い林のことを「いまかんがへてゐる」。つまり、「わたくしの感じないちがつた空間」にトシが「うつる」。その時、生きている賢治は、目に映る風景の中、「駒ヶ岳」にかかった「まつくらな雲のなか」に、トシが「かくされてゐるかもしれない」と思う。

もし、賢治が見たものしか心象スケッチに書き込まなかったのであれば、我々はそれをもう二度と見ることはできない。しかし、そこに隠されたものを見ようとしていたなら、それは百年後の自分にも、叶わぬ思いとして感得されるような気がする。もちろん、自分の場合は、トシを見たいのではなく、そう思った賢治を、サガレンに隠されたように思える賢治を見たいのだけれど。

こんなことも机上に位置するにしたって、そこに発した思いがいつかのサガレンへ導く。自分も死ぬまでに一度は訪れてみたいと思う。そんな風に、自分の書いたものがある場所へ人を導くとすれば、それはやはり嬉しいことだ。

『いまだ、おしまいの地』

こだま／太田出版

こだまさんの新しい本が送られてきた。帯で酒井若菜が「読んでも読んでも疲れない」と書いている。それが褒め言葉になるかどうかはさておき、なんとなく頭に入れながら読んでいると、次のような文にぶつかった。

その神社は町を見下ろす高台に建っていた。境内には大きなミズナラやカシワの木が枝を張り、昼間なのに薄暗かった。出迎える狛犬の尻尾と牙は欠けていた。不気味で不吉な神社だ。参拝者は見当たらない。私はお賽銭箱の前で考え込んだ。

ここで「読んでも読んでも疲れない」のは、我々がこれまで見知ってきた神社を喚起するために過不足ない描写だからだ。こういうところを読んで「情景が目に浮かぶ」みたいな声が上がるとすれば、それは「町を見下ろす高台」「大きなミズナラやカシワの木」「昼間なのに薄暗かった」「狛犬の尻尾と牙は欠けていた」「不気味で不吉な」「参拝者は見当たらない」などの、その神社の固有性を裏付けはしない言葉が、読者の神社にまつわる記憶から情報を引き出して全体を補完するからだ。

読者の頭にあるのは上に挙げたそれぞれのみが映る一瞬のカットであり、それが一つの場に揃っているのを目に浮かぶように把握することは、その文章からは許されていない。実際、日本中の数多の神社がこの記述内容に当てはまるので、その中からこだまさんが足繁く通う神社を特定することは不可能だろう。

では、どんな文章なら特定できるかというと、例えば堀辰雄に「浄瑠璃寺の春」という小品があって、こんな風だ。

かたわらに花さいている馬酔木《あしび》よりも低いくらいの門、誰のしわざか仏たちの前に供えてあった椿の花、堂裏の七本の大きな柿の木、秋になってその柿をハイキングの人々に売るのをいかにも愉しいことのようにしている寺の娘、どこからかときどき啼きごえの聞えてくる七面鳥、――そういうこのあたりすべてのものが、かつての寺だったそのおおかたが既に廃滅してわずかに残っているきりの二三の古い堂塔をとりかこみながら――というよりも、それらの古代のモニュメントをもその生活の一片であるかのようにさりげなく取り入れながら、――其処にいかにも平和な、いかにも山間の春らしい、しかもその何処かにすこしく悲愴な懐古的気分を漂わせている。

（『大和路・信濃路』新潮文庫）

こういう文章は、かなりの配慮がされているとはいえ、読んだら疲れる。例えば「七本の大きな柿の木」と読んで、頭の中の柿の木を七本に指定されるだけで、読者は多少疲れている。それが堂の裏にあるという条件もあると、さらに疲れる。

しかしここには、その時その場所に行けば、堀辰雄はここを書いたんだと確信できるだけの具体性がある。

だからといって、具体性があって特定できた方がいいからそのように書けと言いたいわけでは全然ない。こういうことから、その文章が何のために書かれているかについて、考えることができるかもしれないということを言いたい。作者の目的というよりも、心意気や心遣いに似た何かについて言いたい。

自分のことでいえば、例えば神社でもどこでも参ってノートを開いてひとり風景を描写をするのを日課とするのは、それを見た自分の感動を書いておきたい、それをいつでも読み返して、あの時の感動と何か違うと思えば、新たな言葉によって、あの時の感動を十全に表すと思える文章にいつでも更新できる状態にしておきたい、という宮沢賢治に学んだ気持ちからだ。だから新たに note へ打ち込んで推敲するというのも始めた。日課が多いが、そんな練習なしに書いていけるとも思わない。落合ぐらい練習しようと思っている。

そんな自分の経験を鑑みると、記述が具体的になればなるほど、文章は自分のためという顔つきをしてくる。それをつぶさに見た自分、事細かに考えた自分と、文章が重なっていく。そこに余人は入りがたい。入ろうとすれば、疲れてしまう。正直言って、自分は読者のことをこれっぽっちも考えていない。

それで言うと、こだまさんは神社の描写を、明らかに読者のために書いている。もちろん、それが媒体や依頼内容や編集者のアドバイスに左右された結果だというのは同じような作業をしている自分にも容易に想像がつくけれど、身も蓋もない言い方をすれば、大半の「すぐに疲れてしまう読者」のためにそうなるのである。みんながみんな練習しているわけじゃないんだから当たり前だ。

もう一つだけ例を挙げれば、金を騙し取った「メルヘン」なる男の両親のもとへ談判に乗り込んだ時の回想も、具体性はさりげなく抜き取られている。

日当たりの良いリビングに、仲が良かったころの家族写真が何枚も飾られていた。毛並みの良い猫が私たちの足にふわふわの尻尾を絡ませて歩く。まだ何も知らない写真の中の家族と、私たちにお腹を見せて無邪気に転がる猫。あの空間で彼らだけは幸せそうだった。

もちろんここでは、実在する個人への配慮が何よりも大きいのだろうけれど、リビングにはもっと生々しいものもあったかもしれないし、写真の中にだって印象的な一枚があったんじゃないかとも思う。罪のない猫について、幸福を連想させる「毛並み」だけでなく「メルヘンの両親が飼っているただ一匹の猫」であるように具体的に書くことだってできるはずだ。自分の飼い猫を野良から連れて帰ってきた日の描写には及ばないまでも。

酒井若菜は「読者との距離感が心地良い作家第一位」とも言っている。なるほど、こういう端々に現れた抽象性の柔らかみというか間口の広さが、心地良い作家第一位なのだろう。

でも、実際にはその心地よい距離感とやらは、たぶん酒井若菜が思っているように作家が読者に近づきすぎないようにして生まれたのではなく、本当はもっともっと遠ざかっていたいはずの作家が妙な責任感と生来の流されやすさから読者に頑張って近づこうとする配慮に支えられているように思える。

ところで、本書に時々登場する「同人誌仲間」という言葉に、直接ではなくとも、自分はたぶん入っている。世間一般がそう聞いて想像するほどの交流と、実際の交流の程度にはかなりのギャップがあるのだが、こだまさんはたぶん当然のように「仲間」と思ってくれているだろう。

今書いているこの感想というか書評というかは、当世風の「同人誌仲間」が書くような感想ではなさそうだけれど、それも、自分のために書けばこんな風になるということでしかない。知り合いの本を読んだって、自分の考えたいことを考えるべきだ。それは、いやな思いをしたって『夫のちんぽが入らない』ことを書くべきだというのと同じくらい当たり前のことのように思える。

その当たり前がなかなか難しい世の中で、この「同人誌仲間」は、そんな考えをそれぞれに隠し持ったまま始まったし、なんか知らないけど全員そこそこ以上の実入りがあった後でも、そんな雰囲気をどうにかこうにか保っているという気がする。

だからこそ本書で、依頼されて書く中で色々な要因で追い詰められて大変な思いをしているのを見ると、「読者との距離感」の遠近が一因のように思えて、心が痛まないこともない。

本書の中には、猫を連れ帰った場面のほかにも、そこを読むだけで、その時その場所に立ち会えばこのことを書いているんだと確信できるだけの具体性をもって描写された場面が少しだけある。また、台詞なしにそう確信させるのは一層大変だけれど、それをしているところも一つある。「読んでも読んでも疲れない」本の中で、読んだら少し疲れるそんなところを気に留める読者もあまりないだろうが、当時の作者と、今それを書いている作者、とにかく作者だけが救われているように思えるその場面が、自分はいちばん心に残った。

朝が怖い。どうして私のお腹は暴れてしまうのか。二階の自室の窓を開け、うなだれるように風を浴びていると不思議なものを目にした。

窓の真下の青いトタン屋根に星の形をした茶色い錆があった。青空にひとつ浮かぶ、孤独な星。誰も知らない私だけの発見だった。

触れてみたいけれど、身を乗り出すには高さがあった。

その星に向かって唾を垂らすと命中した。

『契れないひと』

たかたけし／講談社

「同人誌仲間」のことばかり書いていると、作品だけを見つめた感想は難しい。

あんなウンコの漏らし方をした人間がその後、同じ職場でまともに働き続けられるとも思えないが、ギャグマンガの伝統と方便がそれを可能にさせるという、それ自体は珍しくもないけれど、急にエリアマネージャーとか上下関係とか仕事のいやな部分が垣間見えることで、そうした現場にいる人間同士の一線を越えない不干渉が人間のやさしさのようなものにすり替わりかねないところに、このよくわからないマンガのよさとわからなさがある。

そんなことを考えると、エリアマネージャーが中野に言う「絆《ほだ》されるなよ」の言葉と視線は、読者の方にも向いているように思えるし、無意識だとしても、作者の方にも向いているのだろうと思う。

自分は、この作者と笑いやマンガの話をしたことは一度や二度ではないけれど、そんな話をしながらアルバイトのコンビニ夜勤明けで目が真っ赤だったりトランクスに首が通るくらいの穴が空いていたりするひどい生活と運動不足と惨憺たる納税ぶりにまみれ、ギャグと生活の綱渡りをしてきた姿を思い出す。

そこで自分が触れた精神は、作中、遅い初詣のあと川の土手に座って仕事の話をしてしまう場面に、どう描けばこんなに不潔になるのかわからないようなホームレスを同席させるところに息づいている気がする。

長いことそんな生活を続けられたということは、本人には何かしら道が見えていたのかも知れないけれど、そのいきあたりばったりぶりを見ていたところでは、その道はたぶん、カフカが次のように書いたのに近いものだ。

真実の道は、たかい空中ではなく地面すれすれに張られた一本の綱のうえに伸びている。それは歩いて渡らせるためというより、むしろ躓かせるためにあるようにみえる。

（「罪、苦悩、希望、真実の道についての考察」『カフカ全集3』新潮社）

そんな作者の描く登場人物たちは、だからことごとく「地面すれすれに張られた一本の綱」に躓いているように見える。そのせいで、そのたびに放たれる「こんな事なら昨日シコらずにソープ行けば良かった」とか「平和だなあ」とかいう言葉が、働くことなんかよりよっぽど「真実」だったり「人生」だったりするように思えるのだった。

それさえも結局はギャグで片付けられていくところに作者の凄味と本意を感じてきただけに、連載を終えるマンガの常ではあるけれど、「たかい空中」にある「真実の道」を見上げるような形で、不干渉が人のやさしさにすり替わってしまうような形で、志半ばで終わらざるを得なかったことは、とても残念だ。

どんどんよくなる君のマンガを見ていたかったと安西先生のように思うし、何より、そうなっていくたかたけしの中に、「たか」としか言えないあのわからなさがどう残されていくのか、本当に見たかったと思うから。

『自然な構造体　自然と技術における形と構造、そしてその発生プロセス』

フライ・オットー他（岩村和夫訳）／鹿島出版会

先日、中国の緑あふれる集合住宅というコンセプトの高級マンションで蚊が大発生し、もうろくに人が住んでいないというニュースがあった。その映像を見た時に、昔読んだ本にそっくりなものがあったなと思い出したらコレだった。

で、ついでに今読み直すと、しかも広い公園の片隅のスゲやセイバンモロコシから隔てられて誰も来るはずのないエノキの下で仰向けに寝転んで読んでいると――三日後には全部苅られて呆然としたが――最近、自分が一生懸命になっている自然を見ることについてさらに目を開かせるようなところがあって、こんなにいい本はないのだった。

どういう本かというと、まず主要著者のフライ・オットーは、吊り構造や膜構造などの軽量構造で知られる建築家である。大建築について回る「屋根どうするんだ問題」に、一つの解を与えた人物といえる。我々に馴染みがあるものでいうと東京ドームも膜構造の技術が発展した形で、内と外の圧力差で膜としての屋根が持ち上げられていて、そのおかげで柱がいらず、屋内で野球やライブができる。

そのオットーが、構造体について、生物学と建築つまり自然にあるものと人間の技術が生んだものの関係をまとめたのが本書だ。一つ一つ実例を見ながら、類似や相違や対比によって建築について自然について考えようじゃないかという感じで、無機物有機物建造物、多種多様な写真や絵を見るだけでも楽しい。

類似や相違や対比によって建築について自然について考えるというのは、例えば、オットーは膜構造を説明する際、理想的な膜の形状をシャボン玉を飛ばして説明したらしい。

ここで、多少かしこい人は、自然から学んで建築に活かすのねと簡単に把握するかも知れないが、そういう知った風でいて自分で手や足を動かしたことのない奴がマジでいちばん良くない。建築でも創作でも何でも、実際に何かが形をとっていく過程で、事がそう簡単に運ぶことはほとんど無いのである。

そんな奴の鼻を折ってから始めるために、オットーは序盤にこんな話を始める。

1962年、アメリカの友人バックミンスター・フラーがマックス・プランク研究所で珪藻の殻の立体写真を見て、ほとんど打たれんばかりに圧倒された表情を見せた時のことを私たちは忘れることができない（バックミンスター・フラーは世界的に著名な建築家であり、世界最大スパンにして最も軽いドームを実現していた）。彼はそれまでになかった5倍から5万倍に拡大した最新の写真を見たのである。そしてその立体写真のスライド画面はまるで彼の有名なドームの模型のように見えたのだ。グループのメンバーにとって次のことは明らかであった。もし彼が珪藻の殻のことを知っていたとすれば、生きた自然を模倣したと言われるだろう。しかしながら、たとえフラーが珪藻殻のことをあるがままに知っていたとしても、自分でその殻を作ってみようという気にはとうていならなかったに違いない。

また、巨大なネット構造に成功した建築を見た「新聞の学芸欄の記者」は「それがクモの巣のコピー以外何ものでもないと主張することだろう」とオットーは言う。

しかし、これらの構造物に至る道はそれとは全く別なものであった。この超軽量構造物を計画し、建て、構造計算し、試験を行なった時点では、それを開発したメンバーがクモのネットに関して、そこに関心を持つアマチュア以上の知識を持ち合わせていた訳ではないのだ。しかしながらザイルネット屋根の新たな技術が確実な発展段階に達した頃、ようやくクモの巣のネットをそれまでとは異なる徹底的に鍛えられた目で見る、すなわち〈認識する〉ことができるようになったのである。

つまり、人間が技術としてその構造を把握し始めた時に、ようやく自然界の同じ構造物が理解できる。「見る」とは、「認識する」とはそのようなものだ。

去年、人工的に生成された巨大波の姿が、葛飾北斎の「神奈川沖浪裏」に描かれた波とそっくりだというので話題になったが、あれだって、北斎がその波を見る超人的な視力を持っていたというより、何十年と波を描き続けた北斎の情熱が、それに伴う技術の向上が、波の構造との一致にまで至ったと見る方がよほど北斎らしい。だいたい、四十代と七十代で描いた波を見比べれば、そこに視力が介在していないのは明らかだ。そういう奇しくも正確に把握された構造の説得力が、北斎のあり得ない構図を補強しているのだろう。

だから、北斎に巨大波の写真を見せたら、フラーのような「打たれんばかりに圧倒された表情」を見られたに違いない。それはむしろ、自らの目をそのように仕上げた過程を知る者だけが浮かべることのできる、「新聞の学芸欄の記者」には不可能な美しい達成なのである。

自分の人生を考えてみても、「新聞の学芸欄の記者」みたいなことに時間を取られすぎたのかも知れないと感じることもある。もっと大きなことに向かうための、それを信じられるだけの目や手を「徹底的に鍛え」てくれればよかったと思う。少なくとも初めて本書を読んだ十年前だかにそういうことに気づけたら良かったと、どうしようもないことを思う。

他の多くの人たちと同じように、私たちも明日の住居、明日の都市を求めている。私たちがそこに住みたいと思うような、私たちの世界を求めている。そしていつかは、その周辺環境を慎重に取り扱うことができるようになってしかるべきだと思う。

私たちは、一人一人が集まって作り出される世界がその誰にでも快適である、そんな世界の創造を最終的に目ざしている。

私たちは、人間に役立つものだけでなく、そこからさらに進んだ自然なものを求めている。私たちは、住民と社会にとってヒューマンであり、同時に自然全体にとってヒューマンな、そんな新しい技術を追求しているのである。

オットーというのはご多分に漏れず変な人だったようで、自分の世界へ周囲の人間を取り込み焚きつけるようなところがあったようだが、その情熱は文章を読んでいても伝わってくる。例えば蚊が大発生するように、構造へ目を向け続けることでこぼれ落ちていく自然もあるだろうが、それを別の人間が目にすることで、追求はまた進んでいくのだろう。

もったいないので、人目に触れるこんな記事では抽象的なトピックに留め、数多の感銘を受けた箇所は自分のノートに引き写すだけの秘密にしておくが、特に何かを創作したいと考える多くの人に読んでもらいたいなと自然の中で願うぐらいには焚きつけられたのだった。

『記憶よ、語れ　自伝再訪』

ウラジーミル・ナボコフ（若島正訳）／作品社

自分が見るなり思い浮かべるなりした光景を文にして、それを読んだ誰かが光景として頭の中に立ち上げる。基本的にはそういうイメージの伝言ゲームに関わっているわけだが、当然こんなことはやればやるほど根本的に上手くいくわけがないので、思うような成果が出ずに「自分には才能がない」とか言ってゲームをやめてしまう人もいる。

ナボコフは一応「自伝」となっている本に、「無知な初心者だった私」を回想する形でこんなことを書いている。

詩が完成に近づくにつれ、私が眼前に見ているものは読者にも見えるはずだという確信が湧いてきた。腎臓のような形をした花壇に目を凝らしたり（そして一枚のピンクの花弁が壌土に落ちていて、その崩れかけた端を小さな蟻が調べているのを目に留める）、誰かならず者が樺の幹から、紙のような、胡椒と塩をまぶした色の樹皮を剝ぎ取った跡の、陽に焼けた中央部を眺めたりしたときに、「失われた薔薇」とか「物思いにふける樺」といった言葉のヴェールを透かして、こうしたすべてが読者にも知覚されるものだと私は本当に信じきっていた。ヴェールどころではなく、こうした貧しい言葉はあまりにも不透明で、実際には壁になり、見分けられるものはと言えば私が模倣した大小詩人の使い古された欠片だけだとは思いもよらなかったのだ。

こうした失敗は、押韻と絡んで「響きのいい形容詞が仕掛けた罠にことごとく陥った」という言葉にまとめられているけれど、なるほど伝わる伝わらないを醍醐味とする伝言ゲームでは、形容詞は——しかも使い慣らされた形容詞は——使い勝手のいい言葉ではない。よすぎると言ってもいいかも知れない。

だから、ゲームの成就のためには「誰かならず者が樺の幹から、紙のような、胡椒と塩をまぶした色の樹皮を剝ぎ取った跡の、陽に焼けた中央部」とやらなければいけなくなる。「ならず者」がやったことだと示すのは、乱暴な剝ぎ取りの跡と、その部分以外の樹皮の健康さをイメージさせるためである。

こうしてナボコフは「上手」になっていったのだろうが、このゲームの上手下手は、作家になって食えることとは全く関係がない。ナボコフだって、人々が「少女」につけた形容詞の仕掛けた罠がなければ、モントルー・パラスで最後の十数年を暮らせたかどうかわからない。

それというのも、世の中には、そもそも伝言ゲームで樺の木の中央部なんて細かいところはお題に含めてもらいたくない、蝶の細かい種類も興味ないし、そんなところにこだわってたらゲームが楽しめないじゃないか——という人の方が多数派だからである。

文の上手下手の概念も、形容詞の名の下に、結局ここでつまずくことになる。

例えば、ナボコフが「上手さ」の極を目指したような『アーダ』には、アーダが裸同然の格好で植物図鑑をアレンジしつつ写すシーンがある。そこで描かれているのは「昆虫を擬態する蘭」で、「眼状斑点や唇弁」といった言葉も出て、最後には「明るい色の蛾を擬態していて、その蛾もまたスカラベを擬態していた」となる。しかも、それを描いているアーダが「『ヴィーナスの鏡』と呼ばれる蘭を擬態しているように見え」て、部屋着の切れ込みからのぞく肩甲骨や背骨の凹みや尾骨までのくびれなどが、その絵以上に細かに描写されている。

細かにと言っても、こうした描写は何でもかんでも書くわけではなく、科学的なスケッチに近いものだ。観察しているものを明確にし、不要なものは省略し、必要部分を正確に細密に書く。ナボコフは昆虫学者でもあった。この「スケッチ」という言葉を自らと直接に結びつけたのは宮沢賢治だが、彼もまた盛岡高等農林学校（現・岩手大学農学部）を出た農学得業士だった。

絵なら描けば見てわかるが、文ではどうか。ある物が目に浮かぶように「昏弁」と書いたところで無知な人間には浮かばないし調べもしない。語彙と文法と洒落の限りを尽くして増殖していく語を最小限にまとめた文にまわりくどいと首を振る者がいる。

自分の見ているものを絵ではなく文ですることの困難について、彼らが考えなかったはずはない。

作者の書くことが十全に、それを書いている作者同様にわかるには、作者同様の知識は当然として、作者と同じあらゆる経験が必要になる。そうなってほしいものだし、そう願わなかった者はいない。宮沢賢治でさえ、そんな存在を「完全な同感者」として想定していた。

もちろん、それは前述したように不可能なことで、だから作者と読者の伝言ゲームは本質的に成立しない無理ゲーである。むしろ作者の方が時間をかけてやればやるほど、本来はゲームの成就を目指そうとしたはずの行為は、その経験の分、読者とを隔てていく場合もある。その時、何が上手で、何が下手だなんて、口が裂けても言えない。

「使い古された欠片」だけでも詩や小説は形を作って多数の者に伝わるのになぜそんなゲームを必要以上に「上手」になろうとするのか。

ここまで読んでおいて、そんな質問はもう相当に野暮なワナビしかしないと思うが、今のところ「文学」なんてものがある程度の多様性を持ってちゃんと存続しているのは、ゲームの醍醐味をゲームと離れたところに見出し、一人遊びのように打ち込んだ者が意外と沢山いたからだとしか言いようがない。
その一人遊びの楽しみへの理解を、享受を望んで、ナボコフは文学講義のおしまいにこう語るのだった。

小説を読むのはひとえにその形式、その想像力、その芸術のためなのだと、わたしは教えてきたのである。きみたちが芸術的な喜びの戦慄を感じ、作中の人物たちの感情ではなしに、作者そのものの感情——つまり創造の喜びと困難とを分かちもつようにと、そう教えてきたのである。

（『ナボコフの文学講義 下』野島秀勝訳、河出文庫）

『鷗外随筆集』

森鷗外（千葉俊二編）／岩波文庫

昔から、これに入っている「サフラン」が好きで、時々本棚から出して読む。「これはサフランという草と私との歴史である」という文にまとまる随筆だが、歴史といっても短く、すぐに「これを読んだら、いかに私のサフランについて知っていることが貧弱だか分かるだろう」と続けている。

貧弱といえ、幼少期、蘭医だった父との干したサフランの思い出から、上野の人力車上から花売りの蓆にサフランを見かけ、後に白山下の花屋で買い求めて庭で実際に育ててみるという流れに、鷗外の見識の広さとフットワークの軽さと生活の程度が自ずと表れていて、サフランに限らず、何についてもこのくらいのことを書いてくれるだろうと思わされる。

買い求めた翌年、勢いよく葉を出したところへ水をやってみる鷗外は、こう考える。

鉢の土は袂屑《たもとくそ》のような塵に掩われているが、その青々とした色を見れば、無情な主人も折々水位遣らずにはいられない。これは目を娯ましめようとするEgoismusであろうか。それとも私なしに外物を愛するAltruismusであろうか。人間のする事の動機は縦横に交錯して伸びるサフランの葉の如く容易には自分にも分からない。それを強いて、烟脂《やに》を舐めた蛙が腸をさらけだして洗うように洗い立てをして見たくもない。今私がこの鉢に水を掛けるように、物に手を出せば弥次馬と云う。手を引き込めておれば、独善と云う。残酷と云う。冷澹と云う。それは人の口である。人の口を顧みていると、一本の手の遣所もなくなる。

なんとなく、『草枕』の冒頭を思い出すが、その住みにくい人の世で、鷗外はサフランぐらい疎遠なものにもこうしてたまたま接触点があると述べた上で、「物語のモラルはただそれだけである」としている。

一九一四年三月に雑誌掲載した「サフラン」だから、「雁」の連載を終えた一九一三年五月から一年と経っていないところだ。下宿に「僕」の嫌いなサバの味噌煮が出たために岡田の散歩についていくこととなって、途中で戯れに雁に石を投げてみたら当たって死んでしまうし、そのために石原まで出てきて雁を服の中に隠して持ち帰ろうと三人くっついて歩き出したせいで、岡田を待ちぶせていたお玉は恋心を伝えることができなかったという話の下のような一節を、「サフラン」の「物語のモラル」と関連付けないのは難しい。

一本の釘から大事件が生ずるように、青魚の煮肴が上条の夕食の饌に上ったために、岡田とお玉とは永遠に相見ることを得ずにしまった。それればかりでは無い。しかしそれより以上の事は雁と云う物語の範囲外にある。

（『雁』岩波文庫）

鷗外は『雁』のあとで、歴史に材をとった小説を経て史伝に向かっていく。武鑑（大名・旗本などのプロフィールをまとめた江戸時代の『日本タレント名鑑』みたいなもの。主に町人が取引相手の武士の家を判別するための実用目的で毎年発行された）に首っ引きで歴史人物を調べていく中で、自分と同じように医者で官僚で武鑑を集めていた人物、渋江抽斎と出会う。その顚末は『渋江抽斎』自体に書いてある。

抽斎は宋槧の経子を求めたばかりでなく、古い武鑑や江戸図をも玩んだ。若し抽斎がわたくしのコンタンポランであったなら、二人の袖は横丁の溝板の上で擦れ合った筈である。ここにこの人とわたくしとの間に馴染が生ずる。わたくしは抽斎を親愛することが出来るのである。

（『渋江抽斎』「その六」岩波文庫）

コンタンポランは同時代人という意味だが、同じように「コンタンポランであったなら」という人物を探して回っているようなところがある自分には、鷗外の楽しみと情熱はよくわかる気がする。

それら史伝に世間の評価が伴わなかったのに対して、石川淳なんか「努力のきびしさが婦女幼童の智能に適さない」とかすごいこと言っているが、「人の口を顧みていると、一本の手の遣所もなくなる」んだから仕方ない。逆に、そう思っているからこそ、生きていようが死んでいようが関係なく、親愛することができる。

エレファントカシマシ「歴史」では、「されど凄味のある文章とはうらはら　鷗外の姿はやけに穏やかだった　晩年の鷗外」と歌われる。

宇宙の間で、これまでサフランはサフランの生存をしていた。私は私の生存をしていた。これからも、サフランはサフランの生存をして行くであろう。私は私の生存をして行くであろう。

そうだとすれば「サフラン」のこんな文に書かれたことが基調になって顧みない者同士の袖が

擦れ合う喜びをもたらしていたからだろう。なんてことを、サフランライスの黄色を見るたびになんとなく思い辿るのだった。

『佐倉牧野馬土手は泣いている（続）』

青木更吉／崙書房出版

前に成田の辺りを歩いていたら、こぢんまりとしているが手入れの行き届いた寺があった。説法山多聞（門）院という。観音堂と小さな大師堂があり歴史も古いようだが、何より一番目立つのは名主治右衛門を祀《まつ》った碑だった。

治右衛門はいわゆる義民だが、近くの公津村から出た佐倉惣五郎のように広く知られた人ではなく、土地の人だけが忘れまいとして立派な墓に碑を建てて今に伝えている。

ネットではこういう土地土地の史跡を回り調べてブログとかに長い記事を書いている隠れた篤学の人が沢山いて実に助かるのだが、ここに関しては一人しかいなかった。成田山新勝寺を横目に遠ざかるように歩いて行って、一面の田圃を眺めて森へ入る坂道を曲がりながら進むとあるみたいな場所で、さらに行っても森を県道が貫いているばかりで、飛行機もガンガン飛んで風情はないし、確かに史跡めぐりにはあまり面白みのないところかも知れない。

それもそのはず、この辺りは、江戸時代は佐倉牧と呼ばれる放牧地の一部だった。江戸幕府の軍馬保有は、今の千葉県に三つの広い牧を作って放し飼いにして、好き勝手に原野の草を食わせておいて、年に一度「野馬捕り」と称して追い込んで集めて、良さげなのを採用するという豪快なものだった。

広いといっても次元が違って、一つの牧が何区画かに分けられるのだが、その一区画が現在の市一つ二つ分くらいあったりする。野生の馬が何不自由なく暮らすには普通にそのぐらいの土地が必要らしい。区画に分けられているのは、その牧の中には当たり前に村や田畑があるためで、境界には馬が入ってこないように土手が築かれた。これを「野馬土手」という。

当たり前だが、そんなものは時間が経つにつれて開発の邪魔なのでどんどんなくなる。その一つ一つや馬の水飲み場を捜して、それが減っていくのを憂い、地主に思いを聞くというのが本書の趣旨である。

しかし、そこで紹介されるものさえどんどんなくなっていくのが現状だ。佐倉牧ではないが、柏のこんぶくろ池とか大きな公園の中にあるところなら先々も確実に見られるだろうし、鬱蒼とした森の中の静かな池で、昔はここで野馬が水を飲んでいたんだなぁとはっきり思えるようなところなので行くといい。そこで足をすべらせて死んだ野馬の記録も残っているらしく、死んだんだなぁともはっきり思う。

そんな風に、牧は馬にとってみれば自由な広い原野でしかなく、年に一度なぜか追い込まれる以外はいい環境だったが、人間の方ではどうかというと、その管理者として任命された付近の住民は、別の土地ならいらない苦労をして大変だったようだ。

ここで、名主治右衛門に戻ってくる。

三十分かけて碑文を書き写してきたのでみんなにも見て欲しい。写真を撮れば簡単だが、これをしたためた当地の人の思いを少しでもわかりたいという思いで、その場で書き写している。いつもこんなことをするわけではなく、文章自体が面白かったからそうした。

名主　治右衛門　様

吉倉村（当時東西両村に分かれていた）の畑地帯は、両村の入会地《いりあいち》として開墾した（後に印西新田という）。ところが、この耕地に天領である取香牧《とっこう》より野馬の入り込むことしばしばで、両村民の貴重な作物がたびたび甚大な損害を受けた。

万治二年（一六五九年）二月、両村民はこの事を憂えて野馬方奉行に訴えたが、訴えは一切取り上げられなかった。その窮状に西吉倉村の名主治右衛門と東吉倉村の名主六兵衛は村民を代表して、この訴えを実現すべく公儀への陳情を繰り返すなど尽力した。

取香牧は、佐倉牧の中の一区画。この地がどう名を変えていくかもおもしろくて、牧の跡地には、初富《はつとみ》、二和《ふたわ》、三咲《みさぎ》、豊四季《とよしぎ》、五香《ごこう》、六実《むつみ》、七栄《ななえ》、八街《やちまた》……十余一《とよいち》、十余二《とよふた》、十余三《とよみ》まで、数字の地名が多く残っているが、これは、「明治時代、幕府の広大な牧が廃止され、農業地にする開墾を始めたとき、開墾の時期の順番で、数字の地名が十三まで付けられたから」(『「馬」が動かした日本史』蒲池明弘、文春新書)ということだ。

で、取香牧の跡地は何番目とかという話ですらなく、数字がつくような大規模な開墾自体されなかった。その広大な平地は、国有の種畜場となり、皇室で用いる畜産物を生産する御料牧場となり、さらにその後で三分の一が成田空港となった。

そんなところで、土手を越えてくる野馬に苦労していた治右衛門にまた戻る。こっからが大変だ。なぜって、本来ならば協力しなければならない人物のとんでもない裏切りにあってしまうからである。

ところが、東吉倉村の名主六兵衛は自己の管理責任を問われることを恐れた野馬掛りの牧士の甘言に乗り、途中から自らの利益に走るようになった。たまたま公儀よりその被害状況を調査検分するという沙汰があり、この機会に六兵衛は自分の栄達のため野馬掛りの役人と共謀し、その前夜ひそかに一族を集め、耕地に接する牧場の土手を修復し、被害のあった畑を荒れ地のようにした。こうして証拠をもみ消したのである。したがって翌日の検分後、東西吉倉村民の訴えは一切成り立たないという結論が下された。

最低な六兵衛の最悪の隠蔽工作により、村民たちはお上に虚偽の訴えをしたという形になってしまったのだ。それでどうにかなるかというと、その場ではどうにもならない。後々こうして色々わかるだけだ。

治右衛門はじめ両村民は大いに怒り、その不当を強く訴えたが、逆に公儀に迷惑をかける不届者として治右衛門は入牢に処せられる身となる。しかし、治右衛門は意志を曲げず、正当な裁きを求め、日夜お経を唱えて止まなかった。役人達が禁止を命ずるも聞き入れず、「我今罪なく牢獄につながる。身の死するをいとわざるも、村民の難儀救わざればやまず」と、なお一層大声で読経を続けるため、役人共大いに怒り、遂に本人及び家族は同年三月十五日に経堂塚（現吉倉字大日入）で処刑された。

『天保の義民』（松好貞夫、岩波新書）なんかを読むと、規模は違えど、理由は何であれ牢の中で拷問があるとかなり非道い有様になっているが、ここではどうだったかはわからない。

この救いのない展開に後世の人間が救いを見るとすれば、真相がわかって治右衛門が義民として残ったことだ。それだって、ただ残るわけではなく、残し続けた人間がいなければ残らない。

両村民は幕府の厳しい掟のため治右衛門家族を正式に祀ることができず、この出来事を伝承し経堂塚を守ってきた。明治三十一年県道拡幅に際し、経堂塚の一隅から治右衛門家族の遺骨が出土した。吉倉ではその遺骨を多聞院境内に移し、墳墓を建立し御霊として祀った。治右衛門様は、吉倉村の名主にして野馬被害の訴えにより、村民のため家族共々処刑された義民である。

その偉徳を敬い、ここに平成の整備を行う。

合掌

平成十四年七月吉日

明治三十一年は一八九八年で、一六五九年から二百四十年ほど経っている。そして、それからまた百二十年経った。「この出来事を伝承し経堂塚を守ってきた」人々の時間にすり切れることのなかった思いがわかろうというものだ。

野馬土手が均《なら》され、飛行機が盛んに飛び交うようになっても、罪なき牢で死を覚悟して村民のために大声の読経を続けた人間がいたことや、そんな状況に追い込んだ悪い奴がいたことに、あてもなく歩いているだけで出会うのだから、人の世は面白い。

と言ったところで首肯する人の数もまた減っているのは間違いがない。本書を出版した崙書房出版は、長らく千葉の郷土史にまつわる本を出し続けてきた、流山の地方出版社である。小説を書く資料としても趣味の読書にしても非常にお世話になり、書棚を見てもすぐに何冊もその名が見つかるが、昨年に閉業した。

東京新聞の記事には、小林規一社長の言として「プロの作家でも学者でもない地元の人たちが、みんなに知ってほしいと思う地域のテーマについて丹念に調べ一冊、一冊本にしていった。著者と読者が同じ視点で本がつくれたことは楽しかった。残念だけど、悔いはない」とある。

本書もまた、こんな風に書かれたようだ。

折りたたみ式自転車を肩から下げて、私は夜が明け切らないうちに流山の自宅を出た。佐倉牧の野馬土手調査は、週1回のペースで去年の3月から今年の3月までかかった。37回も通ったから、1牧5回の計算になる。

原則として、現場でできるだけ多くの方から話を聞くことを心がけた。次の日は図書館で住宅地図をコピーして土手の長さを測り、土手の近くの方にはがきを書いた。電話で補助取材して、鮮度のいいうちに文章化する。電話取材して、後日に直接うかがった方も多かった。

土地に碑を建てるような気で本を作るのは、もはや流行らないということなのだろうか。人の世の行方は誰も知らない。

『松本隆対談集　KAZEMACHI CAFE』

松本隆 他／ぴあ

亡くなったから書くわけでもないが――と言っても亡くなったから読み返した以上、亡くなったから書いているのだろう。

誰が相手でも興味深い話の連続である本書には、筒美京平との対談があり、そこには、数々のヒット曲を生み出した二人の「松本くん」「京平さん」と呼び合う、余人の立ち入ることのできない信頼関係がどうしたって感じられる。二人で「完全に遊び」で行ったという南米旅行の話なんか特に楽しそうで、互いに認め合った人と仕事をするというのはどんな気分なんだろうと思ったりする。

最後に、ひとりの学生がサム・ペキンパーにとって最も大切なこととは何かと質問した。ペキンパーは長いこと、じっとこの学生を見つめてから、ようやく口を開いた。

「映画を作ること」と彼は言った。「それから、ウォーレン（・オーツ）やストローザー（・マーティン）のような人間と一緒に仕事をすること。それがすべてだ。それ以外のことは、まったく意味がない」。

（『サム・ペキンパー』ガーナー・シモンズ（遠藤寿美子、鈴木玲子訳）、河出書房新社）

ペキンパーがこんな風に言ったのに憧れたりする一方で、記念アルバムがCD八枚組で出た十五年後にもう一枚追加されて九枚組で出し直されるような広範な仕事を長く続け、その名コンビの相手から「社交家」と言われる職業作曲家の矜持にもしびれてしまう。例えば、こんなところ。

松本　いや、いろいろ教えてもらったよ。出会ったときは、国立競技場のすぐ近くの、豪華なマンションに住んでいて、初めてお邪魔した僕は（南佳孝の）『摩天楼のヒロイン』（七三）ができあがったばかりのときだったから、「今日できたばかりなんです」って聴いてもらったら……何て言ったか覚えてる？

筒美　いや（笑）。

松本　「こういう好きなことやって、食べられたらいいよね」って。

筒美　（笑）。

松本　けっこうガーンときてさ。それをすごくよく覚えてる。自分は『摩天楼のヒロイン』が好きだったので、初めて読んだ時はなんでどしてと思ったが、今回、作品を発表する立場になって読み返したら、やはりガーンとくる。

自分の好きなことやって、つまり自分なら書きたいもの書いて、というのは理想のように思うが、書けないものは書かないで、という怠惰と表裏一体だ。それは商業として成り立たせる責務を遂行するのも大事とかそういうことだけではない。

理想は常に自分の先にあるのだから——勉強でも練習でも努力でも言葉は何でもいいが——己の歩みが止まれば理想は形を取ることすらできない。作曲家になりたくて曲を作ることや、野球選手になりたくて野球をすることや、小説家になりたくて小説を書くことが努力だと思っているうちは、前途は多難であるどころか、その前途自体が存在しないのである。「好きなこと」は自分が今大事に抱えているものではなく、それを好きでいるための日々の行為の中にしかない。

それら「すること」のためにする行為が「すること」の中に理想を象《かたど》るのであって、何者かになりたがっている者の多くが直面している現状はそこに足らない。とはいえ条理だけが支配するのではないこの世には前途なしに夢を叶える者がいるのも事実で、それが希望という名において理想を代替してしまうみたいなことはある。その錯覚に目を凝らしながら一所に腰を据えてしまっている人は、幸せ者と言えるのかも知れない。実際、カフカはこんな風に書いている。

「理論的には、幸福になるためのじつに完璧な手だてがひとつだけある。すなわち、自己のなかの破壊しがたいものを信じ、しかもそれをめざして努力しないことである」

（「罪、苦悩、希望、真実の道についての考察」『カフカ全集3』新潮社）

松本隆は、本書でも職業作詞家となっていく自分の変化をたびたび語っている。町田康との対談で「サビだなんだかんだというのを覚えたのは、ハッキリ言って作詞家になってから」とも言っており、はっぴいえんど時代の歌詞は、「一晩で三つか四つ書いたこともある」という。それでよかったことが、それでよくない場面にも直面する中で、変わらざるを得ない。

こうした変遷は、破壊しがたいものを信じないことでもあった一方、破壊しがたいものをめざして努力することでもあったろう。その深化のきっかけは、筒美京平が曲を出してくる際に与えられることもある。藤井隆の「究極キュート」の作詞作曲のエピソードは、そのような人間と仕事することの幸福をまたしても思わずにはいられない。

京平さんから曲があがってきたら、こちらが狙っていた詞の繊細なニュアンスをぶっ飛ばすようなパワーがあって、僕もびっくりした（笑）。そりゃあ、タイトルは「究極キュート」だし、サビは翔んでてもいいんだけど、まさか全部翔んでるとは思わなかった。ジェーン・バーキンも何も跡形もなく蒸発しているから（笑）。今回のレコーディングは自分自身、すごく勉強になったよ。三〇年以上やってると、もう何が起きてもそんなに新しいことも驚くこともないんだけど。

こういう積み上げていくものと壊されていくものの葛藤とバランス取りの連続が、ジャンル全体の進歩を支えているとも言えるわけだが、そこに偉大な足跡を残した人間がいたところで、時代はある意味ではだらしなく変わっていく。筒美京平の死でさえ、大多数の若者の心を驚かさない。

それでもとにかくジャンルは続く。しかし、連綿と続いてきた足跡を見ないでどう続くというのか。

——京平先生は、最近の邦楽をどう思われますか？

筒美　特に新しく出てきたいわゆるロック系の人たちとか聴いてると、最近のメロディはどうなってるんだろう？　と思うことがあるよ。たとえば、向こうでどんなに新しい人が出てきても、コード進行とかわかるわけ。こうなってこうなって、って。でも、今の日本はそんなのと関係なく発展してるサウンドがあるんだよね。その人たちはその人たちで何かを参考にしたり、影響されたりして、作ってると思うんだけど。最近はそう思うことが多い。

松本　うちの娘が最近よく聴いてるのは何だっけ？　ラブ・サイケデリコとか？

筒美　ラブ・サイケデリコは洋楽のスタイルでしょ。それはわかるわけ。でも、洋楽と歌謡曲をまぜながら独特に発展してきたところにいる人がわからない。

松本　でも、フォークのときもそうだったんじゃない？　異常な発達したわけだし。

筒美　いや、コード進行とか、そういうものはセオリーがあるじゃない。フォークならコード進行がわかるメロディがあったし。でも、最近のロック系といわれるものは、アメリカにもイギリスにもないものなんだよね。

松本　日本独特のものなの？

筒美　そうなんだよ。向こうの人で言うと、ビョークとかマリリン・マンソンとか、両方嫌いだからああいうのを聴いてもいいとは思わないけど、でも、音楽的にはこういうことをやってる、というのはわかる。ところが、最近の日本のロック系のモノには本当にわからないのが出てきてる。

松本　セオリー外なんだ。

筒美　そう。でも、自分が年を取ったなあって思うのは、そういうのが「いい」と思えないんだよね。若いときは「いいと思える許容量」があったんだけど。

松本　でも、どんなものでも基本はあるんじゃない？

筒美　誰でもきっとどこかで基本は取ってると思うのね。日本でも向こうの人でも。でも、そういうRいわゆるロック系の人たちは独特の取り方をしたんじゃないかと思う。洋楽と歌謡曲があわさっていくときに、その（洋楽の）基本じゃないところをすくいとってきたんじゃないかって思う。

松本　どの時代にも「奇をてらう」ということがあると思うんだけど、それとも違う？

筒美　たとえば、パンクだってブルースのコード進行だったりするわけじゃない。ただ、歌い方が違うだけで。そうじゃなくて、音自体に対する何かなんだ。このごろの若い人は洋楽を聴かないで、いわゆるJポップしか聴かないでしょう。そういうものから発生してると思う。洋楽や他のも聴いてた人なら「これは間違ったコードだ」って気づくことも、それ（Jポップ）しか聴かなかったら気づかないじゃない。そういう間違いの部分をすくいとっちゃったんじゃないかって。

松本　なるほど。

筒美　音楽って分解すると実に理路整然としてるんだけど、そうじゃなくてその先の感覚の部分だけをすっと持っていったような感じかな。

松本　突然変異というか、ウィルスというか。

筒美　そう、ウィルスみたいなもの。でも、そのウィルス自体に何かを感じるようになってるんだと思う。

松本　たぶん、サンプリングの時代以降、楽器が弾けない人たちも「作曲」しだしたからじゃないかな。

筒美　そうかもしれないね。

長く引用したのは、この会話で松本隆が、相手の真意を探ろうと何度も質問を重ねるのを見て欲しいからだ。二人にとって、一つの歌を突き詰めていくのはこういう作業だったんだろうと思わずにはいられない。

その末の、音楽の流れを汲まない当世の流行は突然変異ではなくウィルスだという結論をどう思うかは人それぞれだが、何のジャンルにおいても、それこそ自分が多少は足跡を辿ってきた文学においても、まあその通りですねという感じは拭えない。

とはいえ、この対談から二十年近くが過ぎて、ウィルスが人々の生活の一部となって新たな規範を作り出すこともまた、我々が身に染みて知るところである。それもまた、何はともあれ変化だから「いい」と思いたきゃ思えることもわかっているが、それにしてもと年を取った筒美京平は考えている。

その言い方にあえてのっかるなら、ジャンルの足跡を追ってきた者の多くは、ウィルスのはびこる世で、健康はいいぞ、なんたってそれは永らく続いて来た人類の「理想」だからと触れ回りたいと思いながら、それには見向きもせずにほとんどは過去の型違いに過ぎない弱いウィルスをせっせと作って世に問おうとしている人々を眺めている。そこでは、いったい何が目的とされているのだろうか。

『現代児童文学作家対談5　那須正幹・舟崎克彦・三田村信行』

神宮輝夫／偕成社

この書評だかなんだかで表題になっている本は、一連の考え事が始まるきっかけになった本というだけで、読んでもなかなか出てこない場合もある。

ナボコフは——だからすぐこういう風になる——後に『アーダ』となる書き始めの断片をエッセイで明かし、その後でこう記す。

この断片を書きつけたのは、小説が湧きだしてくる数か月前、一九六五年の暮れも押しつまったある朝のことだ。ここにあげた部分が小説最初の胎動であると同時に、不思議な核の役割をもはたした——このあと三年をかけて、本は核のまわりを包みこむように育っていったのだ。

（「霊感」『ナボコフの塊』秋草俊一郎編訳、作品社）

この前後で、そういう部分は霊感の輝きを体験した後で書かれるのだって感じに書いているが、これはなんともよくわかる話で、自分も、長いものの書き始めはよく覚えている。何か書くというのは、この「何か書けそうだという霊感の賜物だ」と断言しても問題ないくらいの、広く的確な言い方だという気がする。

なぜなら、今よりてんでもっとなっちゃいなかった自分の昔を思い返してもわかる通り、この霊感は、経験や腕前によらず誰にも等しく訪れるものだからだ。文章に限らず、べつに関根勤の妄想だって、『アーダ』の核をもたらした霊感と全く同じメカニズムだろうと思う。

しかし、そんな感じで誰もが等しく身に覚えがあるために、勘違いをする者も昔から多いと見えて、結局はどれだけ霊感が強いかの勝負だ、才能だ、みたいな驚くべき結論に驚くほど一瞬で収束したりする。ナボコフはちゃんとこう書いている。

霊感の次なる段階とは、喉から手が出るほど欲しいあのなにかであって、すでに名もなきものではない。実際、この新たなる衝撃の輪郭はあまりに鮮明なので、暗喩をあきらめ、すでにある言葉を使うことを余儀なくされる。その人物は、自分がこれから話す内容を予感している。その予感は、堰を切って言葉があふれだす瞬間のヴィジョンとして、定義することができる。もし、なにかの装置でこの稀にして悦ばしい現象を呼びおこすとしたら、図像なら明晰な細部がちらつくようにしてやってくるだろうし、言語なら言葉のるつぼがひっくりかえったようになるだろう。経験豊富な作家は即座にそれを書きとめるが、その過程で、せいぜいすぐ消えてしまう滲み跡にすぎないものから、意味の兆しを次第に引きだしていき、形容詞句と構文は、印字面にあるように明瞭かつ整然としたものになる――（同前）

霊感によって捉えたものを現前させる技術や知識が、その人を関根勤にしたりナボコフにしたりしている。

このあと、長いものを書く時は「続けざまに襲う閃光となって作家につき従うものだ」とか、「作家があまりに慣れっこになってしまえば、自宅の照明用につけていた霊感が突然ぷすりという音をたてて消えてしまうと、裏切られたと感じるかもしれない」とか、いかにもナボコフという文章が続くが、なるほど作家はある程度は光を頼りに進むのであって、こうした比喩は色んなところで出くわす。

三島　僕は先週、富士の青木ヶ原の樹海に行きましてね、樹海の中を一列縦隊で、夜中に灯りなしで歩いたんです。だいたいたいした距離じゃありませんでしたけれども、コンパスで真っすぐ歩くんです。僕は後から二番目にいましたからあんまり責任ないんですけれどもね。

前の奴のヘルメットの縁のほのかなあかりだけが頼りなんです。それも時々深いところにいくと見えなくなる。そして、あそこは地面は全部溶岩ですからね、でこぼこで、深い穴があったり……

（『源泉の感情』三島由紀夫他、河出文庫）

三島　それで向うズネはすりむくわ、膝は打つわ。もうえらい目にあったけれども、あれは僕は小説を書いてる感じと同じだったな。ぜんぜん、一歩先はまったくわからない。同じ平面だと思っているとまったくちがうんだ。

武田　だけれども、僕なんかから見ると、三島さんはわりあいに、穴ボコがいくつあって、前のやつのヘルメットが次はどのくらいにくるだろうということは、わりあいに計画的というか、見てやってるほうに見えるな。

三島　ウーン、それはあたかも軍人が戦術ばっかり勉強して、戦争というと、自分が論理的な解釈ができるように思うでしょう。あれがなければ不安だからですよ。

（同前）

昔これを読んだ時は武田泰淳に賛成するばかりだったが、光としての「霊感」という言葉をナボコフにもらった時は、自らを評した三島の言葉の方が説得力を宿してくる気がした。三島には霊感がなかったと断言するほど言葉や証拠を連ねる気はないけれど、少なくとも、ナボコフの

「霊感」について何か面白そうなことを言えるのは、三島の方ではないかと思える。

とはいえ、こんな例を二つだけ挙げて何が言えるものか。この二例は、あまりに離れているか、近すぎている。

霊感と実作の間にある感覚の例は、多すぎて困るということはない。だから、ナボコフが人の小説に「霊感」の現れている箇所を指摘するように、自分も人の書くもの言うものから光を見せる「霊感」をいっぱい書き写してきた。ちなみに同じエッセイでナボコフは、サリンジャーの「バナナフィッシュ」でシビルが砂浜を歩くときに濡れて崩れたお城に片足を突っ込んだという箇所を霊感スポットに挙げているが、自分もそこを書き写していてうれしかった。

で、霊感と実作の間にある感覚の例としての本書。

那須正幹の対談を読んでいて、なんか光った！　という気がしたところを引用しておく。それは、己の霊感をそのように準備するための通電作業としての霊感で実に参考になるが、我々がすべきことの結局は、こんな通電と、その光を言葉に変換するためのたゆまぬ努力としか言えず、後者は言葉に表れてくれない。

これはまだぼくが広島で同人誌の「子どもの家」におったころに、外国の少年向けのテレビドラマをＮＨＫが放映したことがあったんですね。たぶんイギリスの話だったんだろうけど、ノルマンディ上陸作戦のときの不発弾がどっかで見つかったんですね。それを偶然、子どもが見つけるわけです。それがなにか狭いところに落ちたものだから、子どもでないと中へ入れないんです。それを子どもが、上から爆発処理班の指示を受けながら、自分でその信管の処理をやるんです。これを見たときに、すごいショックを受けました。

なぜショックを受けたかというたら、ぼくがもしもこの話を書くんだったら、子どもが見つけるところまでは書くだろう。しかし、そのあとは走っていって、おまわりさんを呼んでくる。そしてぶじ、不発弾は回収できましたという話をつくるなあと思って。イギリスというのはすごいなと思ったのは、子どもに不発弾を処理させるでしょう。児童文学というのはこれじゃないかと、そのとき思ったですね。あれからぼくの書く話がだいぶ変わったんじゃないかと思います。不発弾を子どもに解体させるような状況、それは現実じゃなかなかありませんよ。しかし、いかにしてそういう状況にするかいうのが作家の腕じゃないですか。そういう状況をつくるのが児童文学作家の創造力だという気がしてね。あれはどういう作品か、名前を忘れてしまったけどね。

『ウォークス　歩くことの精神史』

レベッカ・ソルニット（東辻賢治郎訳）／左右社

歩行の歴史——あらゆる時と場所、フィールドにまたがって、歩行をしてきた人間どもの記録だが、人間みな歩ければ歩くのだから、その中で、歩くことに特別な意味を見出してきた人々の紹介ということになる。

第一章は、著者が歩くことで主題を得る導入になっているが、第二章ではルソーとキェルケゴールという哲学者たちが紹介される。

ルソーの理想の歩みは、「快適で安全な状況にある健康な人間が自由に」そして、おそらく最も重要なこととしては「孤独」に行われるものだった。ルソーは自然の中での一人旅を、人生で最も印象深げに書いている。

一方、街を歩きのめし、書きのめしたキェルケゴールは、日記にこう書く。

わたしのような精神の緊張に堪えるためには気晴らしが必要となる。通りや裏道での偶然の出会いによって気を逸らすのである。なぜなら、数名の限られた人物との交流ではまったく気晴らしにならないから。

気が散る街の喧騒の中を歩いて思索と執筆を続けつつ、ここでは詳しく書かないがキリスト教と父親や自分や元婚約者にまつわる懊悩を抱えながら生きていたキェルケゴールだが、ひょんなことから、街の人々の揶揄の対象にされてしまう。

風刺新聞が「丈の長さがちぐはぐなズボンを履いたキェルケゴールを描いてみたり、多数の筆名や文体をからかったり、フロックコート姿で細い脚をした元気あふれる人物として描いた肖像を配ってみたり」したのだ。そこまで酷いものではなかったようだが、結構な盛り上がりを見せ、キェルケゴールは大いに気に病んだらしい。

わたしをとりまく環境は、汚れたものになってしまった。憂鬱と夥しい仕事ゆえ、気を休めるために群集のなかで孤独でいることが必要だった。しかし絶望だ。それがもうどこにも見つからない。どこへいっても、わたしは好奇心に囲まれてしまう。

自分のデビュー作となった小説で、キェルケゴールの繰り返したこういう「群集のなかで孤独でいること」を念頭に置き、今もだけれどあれこれ考えていたのを思い出したりもする。

そんな時間を奪われたキェルケゴールは実に気の毒だが、それでもコペンハーゲンの街を歩くことをやめなかったというのだから、やはり歩き方と書き方との共通点はあるのだろう。ルソーもそうだが、自分が歩き見て感じたものを、その無関係の傍観者としての視点を、書くものに、その形式に大いに反映させているように感じる。

自分もそれを大いに意識しながら歩いたり書いたりしてきたということが、第二章にして改めて思い出されるが、後に続く各章にも、自分なりの歩きの遍歴にも通じる人間や記述が出てきてかなり励まされ、歩みを進ませてくれる本であった。

例えば第八章「普段着の一〇〇〇マイル」に紹介されている、シンシナティからロサンゼルスまで歩いたチャールズ・フレッチャー・ラミスのこんな記述は、自分がそこらを歩いていて、屈託なく、たびたび考えることだ。

わたしが求めているものは時間でも金銭でもなかった。生きることだ。健康に生きるという意味ではない。幸いにもわたしは健康で体も鍛えていた。そうではなく、より虚飾のない心を充足させるひろがりのある生を求めていた。あわれむべき社会の垣を越えて、満足な体と目覚めた心に生きる、胸の踊るような喜びに生きること。……アメリカ人として、自分の国についてあまりに無知だったこと――多くのアメリカ人と同じく――をわたしは恥ずかしく思った。

（『大陸横断の徒歩旅行』）

『トンネル』

ベルンハルト・ケラーマン（秦豊吉訳）／国書刊行会

国書刊行会でブログ「ミック・エイヴォリーのアンダーパンツ」の本を出そうと動いていた時だったから、刊行のけっこう前に出ることを知ったと思う。「トンネル」のことを記事で書いたこともあったから、編集者が教えてくれたのだ。

その国書刊行会の紹介文を引く。

舞台はニューヨーク。青年技師マック・アランには、長年温める壮大な計画があった。アメリカとヨーロッパを24時間で結ぶ「大西洋横断海底トンネル超特急プロジェクト」――。老獪な大銀行家ロイドの協力を仰ぎ、投資家からの資金集めに成功する。完成期限は15年……。未曽有の大工事に18万人の労働者を動員、人類史上かつてないプロジェクトがはじまった。爆発事故の大惨事、株の取り付け騒ぎ、労働者の暴動……。

技師マック・アランの波瀾万丈の四半世紀を描くドイツＳＦの嚆矢！

別にこのあらすじの枠を出るものではないのだけれど、こう書かれた枠の隙間に様々な要素がぎっしりスマートに詰まっていて、実におもしろかった。

いがらしみきおは、マトリョーシカのような入れ子構造の箱を想定して「科学にしても哲学にしても、テーマはひとつでしょう。〝箱の中身は何か？〟です。ただ、哲学が、最後の箱を開けてみたら空だったのに対して、科学は〝まだ何かある〟と言い張っているわけです」（『ＩＭＯＮを創る』）と書いていた。

ふざけつつの記述だけれど、ともにある特定の枠組みの中で文学は箱と箱の隙間に目を向け科学は箱の数を増やしていくんだよ、というのはだいたい納得できるところだ。

で、この『トンネル』という小説は、当時の科学という枠組みに則った途方もないトンネル工事が進みつつ、その間隙を縫ってあらゆる人間ドラマが展開するという小説になっていて、全方向に興味と知識とバイタリティを有した手塚治虫が好むのもむべなるかなという作品である。

こういうものを書くのはかなり大変だ。まず多岐に渡る深い知識が必要で、さらにその知識と、こうだったらいいなあと思う話の折り合いをつけていかなければならない。

本来の科学にはないミノフスキー粒子という大きな箱を拵えて全部そこに入れるアニメや、科学の方をガン無視して日本からブラジルに穴を通す小説があるように、ピンからキリまでのごまかしの手法が、ＳＦというジャンルを筆頭に古今東西生み出されてきたのは、その種のフィクションを作ることの大変さを物語っている。

本来、国を挙げての大事業が一流の科学者とともに進行する中でその可能性不可能問題点が初めてわかっていくようなことを、一人の人間が、そこにまつわる人間ドラマも一緒に、紙とペンで作り上げようというのだから、途方もないことだ。

話の中身は読めばわかるとして、じゃあなんでそんなことがケラーマンにできたのか、というのが自分には気になる。そして、その胆力は、トンネルの入口のある「マック・都市《シティ》」の描写をこんな風に書き上げるところに滲んでいると思う。

　トンネルのずっと奥で大惨事が起った時、マック・都市《シティ》はまだ夜であった。陰気な空模様であった。空の雲は一面に重く低く垂れている。眠ることのない時代に、最も眠りのないこの都市が夜の汗をかくように、明るく光を投げているのを反射して、空はうす暗く赤らんで光っていた。

　マック・都市は昼間と同様に、熱病に浮かされたように騒音を立てていた。見渡す限りの地面が永遠に動揺しながら、燃え続ける熔岩流にでも覆われたように、火花と火焔と蒸気とを立ち騰《のぼ》らしていた。何万と群る灯火は、所々から遠くまで光を放射していて、町全体はちょうど顕微鏡で見た滴虫類のように見えた。トンネルへ線路が入って行く入口に近い高台には、各工場が立っている。その工場の硝子屋根は緑色に見えて、冬の冴え返った月光に照らされた氷のようであった。警笛と警鈴がけたたましく鳴り響き、あたりには到るところに鉄槌の音がして、地面は揺れ通しだ。

いつもと相変わらず、矢を射るような列車が、何台もトンネルの中へ下りて行き、またこっちへ上って来た。まぶしいように明るい工場には、ダイナモ、喞筒《ぽんぷ》、通風機などの巨大な機械が、音を立てて動いていた。

自分はここを手書きと、あと今キーボードで書き写して、いつも楽しかった。どこをどうとか書く気もないが、手際の良さの中にくそ真面目の火が燃えているようで感動する。それで、いったいこの人はどんな風に世界を見ていたのかと興味深く思い、他の文章もぜひ読みたくなった。そう思うことはもうあんまりないから、嬉しかった。

ケラーマンの邦訳は、今年出た『トンネル』の底本となった、新潮社の『世界文学全集「トンネル」外二篇第2期第12』のみだが、この「外二篇」というのは、ケラーマンが日本を訪れた経験から書いた「さつさ・よ・やつさ」と「日本印象記」の抄訳である。

百年近く前とはいえ、異国よりは雰囲気もつかめるし、その時代の知識がないわけでもない。どう見ていたか、いかに書くか。それについて考えるのに、こんなにいいものはなかろうということで、古書店から五千円くらいで取り寄せた。

で、「さつさ・よ・やつさ」と「日本印象記」を読んでみると、やはりなんとも律儀な描写である。『トンネル』を書く以前の一九〇八年、すでに作家だった三十歳前のケラーマンが異国日本を紹介するという目的に適うものだが、それにしてもというぐらいで、吉原遊郭へ行って「まるで太陽の中の花だ」という妓楼を籬越《まがき》しに見ていくところなんか、葛飾応為《おうい》「吉原格子先之図」に描き込まれたそのままで感動する。

格子は四角い木の棒であるが、その間が指の長さ位ずつ明いているから、部屋の中はすっかり一目で見渡せる。部屋は大抵、全部金が塗ってあって、大きな金色の壁は、立派な大きな彫刻や絵で飾ってある。時々素晴らしい出来栄えのものがある。花、樹木、ペリカン、龍、桜の花、松等である。たった一本の節くれ立った松の枝が、葉を付けて、後の金色の壁全部に張ってあったり、あるいは三四輪の巨大な菊の花に葉をあしらったり、又は青竹の並んだ中に虎が潜んでいたりする。部屋の模様は、大抵こんなものである。

この豪奢な部屋の奥の方に、一列に、一定の距離を置いて、並んでいるのが遊女達である。

この店には二十人、あの店には十人、向こうには三十という具合である。誰も黒い髪の毛を立派に結い上げて、花簪を挿し、美しい色の絹の衣装、きらきら輝く帯、磨いた手をしている。白粉は首筋にまで付けてある。髷は実に巧妙に結ってあって、眉を引き、顔は白粉を塗り、唇は下唇だけ、赤く半円に紅を差している。みな実に技巧的にも見える。こういう遊女達が蒲団の上に楽に座って、赤く燃える炭を入れた青銅の火鉢を、一人一人の前に置き、真鍮の雁首のついた煙管で、煙草をふかす。

（新字と現代仮名遣いに改めた）

この後もまだまだ続くこんな描写は、このあとそういう遊びや踊りにどはまりして良く知った上で書き足せたものもあるだろうが、万事がこの細かさでリズムよく書かれる。秦豊吉の訳の貢献は承知の上で、何より、目の向け方と離し方、凝らし方に圧倒される。

その一方、吉原で遊女たちにサプライズで「アイ・エヴ・ユウ、アイ・エヴ・ユウ」と見送られるところとか、奈良の宿で出会った美少女おぎんとの出逢いと別れとか、そんな場面もいちいちおもしろいのが、人間としての色事への情熱と、凡庸を拒否する文筆家としての行き渡った意識を感じさせてすごい。その書きっぷりは『トンネル』の中の恋愛模様の中にも存分に反映されている。

いっぱい書き写したのでもったいないから、もうひとつ、上野公園での花見の場面の描写を引いておく。大仏を軸にした視線の動きが、ある一座へ固定され、ふと引かれる。別になんでもないような気もするし、その通りに長い文の中の一部に過ぎないが、上野公園の花見の様子を見物しに行き、書くべきところを見出し、このぐらいに書けてこその小説家という仕事だという気がして背筋が伸びた。

岡の上には、花の雲に囲まれた、大仏の巨大な座像が君臨している。大仏は丁度威厳を繕ったヘブライ人のようである。色は真っ黒で、大きな鼻で、細い切れ長の眼だ。大仏は此処に鎮座して、自分に花を捧げたり、匂いの好い線香を上げたりする、小人みたいな人間どもを見下ろしながら、その厚ぼったい唇に微笑を浮かべている。四方から人が群集して来る。附近の小さなお茶屋は花見の客で混雑する。永遠の微笑を湛える巨大な黒い仏陀の眼前に、若い男達が他の供物を持って来る。それは酒だ。此処で僕は初めて酔っ払いを見た。三人の若い男と三人の芸者だ。この酔っ払い連中と、ヨーロッパ人の酔っ払いと何か変わった所があるか。無い。何処も酔っ払いには変わりが無いものだ。この若い男達は徳利から酒を飲むが、飲むのではなく、一座の者の間に酒をこぼして廻る。一人一人、相手の口に酒を注ぎ込む。体は始終ぐらぐらし、震え、揺れていて、映画中の人物に外ならない。魂は有頂天になって、大声に笑ったり、くすくす笑ったりして、魂はゆらゆら揺れている。この一座を取り囲む多くの見物は、天国の楽しみに浸っている幸福なこの連中をただ呆然と眺めている。

『今日を歩く』

いがらしみきお／小学館

いがらしみきおは、十五年以上、雨の日も風の日も雪の日も、毎日、家の周囲の決まったコースを歩き続けたという。今も続くものかわからないが、二〇一四年から二〇一五年にかけて、その習慣が漫画として描かれた。

この『今日を歩く』は、散歩を描いた漫画ですが、私は私小説というか、私漫画を描くつもりでした。しかし、それを描けたかというと疑問です。苦しまぎれに、ただのエッセイ漫画や実録漫画に逃げてしまったところもあります。

（「あとがき」より）

ただのエッセイマンガや実録漫画とは、私漫画とはなんだろうか。そのヒントは、同じくあとがきに書かれたこんな部分にあるように思われる。

私も遠からず死ぬことを感じます。生きている瞬間と死ぬ瞬間の境目がどんな按配なのか、よく考える。あんな感じ、こんな感じと、何度もシミュレートしました。しかし、きっと全然ちがうんでしょうね。

自分というのはたったひとりです。自分が生まれる前にも、自分が死んだあとにも、どこにも自分はいない。私だけが自分です。そう考えると、自分というのはあまりにも特異な存在なわけですが、その自分を感じられるのはどういう時かというと、私にとっては散歩している時なのです。

明けて行く空を見たり、木を見上げたり、花が咲いたり枯れたりするのを見たり、雨や雪や強い風を感じたり、誰か歩いて来るのを見たり、犬がいて、家がだんだん古くなり、人もだんだん年をとって行く。歩きながらそれを見ていると、ほんとうに自分を感じます。

やることと言えば歩くか書くかという自分にも、こういうことはよくわかる気がする。

作者は毎日の散歩コースで見かける者の習慣と、それが崩れた時の様子を敏感に観察する。その移り変わりは生きている限り起きることで、観察をしている側の作者も例外ではない。最終話では、足を痛め、加齢も重なり、歩けなくなった作者の姿も描かれる。これまでに作者が他者を観察していた目は、きっと作者にも注がれていて、彼らは作者がいなくなったことで何をか思っているに違いないのだ。

人がその目で現実を見て、推測の域を出ない想像をする。人知れずそんな行為をしている時に現れる者こそ、最も「自分」に近い者なのだろう。

人と話が合う合わないとかいう対話の関係の中に、そんな「自分」は決して現れない。

『旅する練習』を書いている時は、聖俗論を知る必要に駆られてミルチャ・エリアーデの著作をだいぶ読んでいた。

小説『ムントゥリャサ通りで』では、校長ファルマが秘密警察の取り調べを受け、適した引用もしづらいのでまあ暇があれば読んでほしい大した話を繰り広げる。そこから何か問題の証拠を引き出そうと警察も頑張って魅入られて聞くのだが、現実と想像を束ねたファルマの「自分」に届くなんてことはそんな……。

という、誰も届きはしないであろう「自分」。それは現実をよりよく見、よりよく想像することで踏み固められていく。そのための手立てが、当然「歩くこと」なのである。さらに、それは毎日続けることによって、ますます細やかな差異さえも浮かび上がらせ、より実りのあるものとなる。

本書が「私漫画」になるのは、このような「自分」と世界の関係の有り様を提示すべく、「自分」らしく時には客観的事実を煙に巻いて描かれたものだからだろう。この国の「私小説」なる不思議な伝統も、そういうものであると言ってしまえば大きく外れとも言えないと思うが、そう言った場合に外れることになるただのエッセイ小説や実録小説たちもそんな面して澄ましているので、議論がまとまるはずもない。それらの作品は、おそらくただ歩くことに耐えられない者たちによって書かれている。

先日、記事にした『ウォークス』には、近代化以降の徒歩について書かれたところがある。『ムントゥリヤサ通りで』のファルマが、エレベーターを拒否し階段を歩いて上りたがることを合わせて考えると、現代の「自分」というものが追い込まれている状況について、おもしろくもさびしい示唆を与えてくれるように思われる。

コロナ禍、人を目がけて出歩くことを躊躇するような状況に直面した時すでに遅く、一つ一人でそのように歩き回ってみようという発想や気力は、すでにこの世には貴重なものになっていたのだ。

徒歩はいまでも自動車や建物を結ぶ、あるいは屋内における短距離の移動手段ではあるが、文化的な営みや愉しみや旅として歩くこと、あるいは歩きまわることが姿を消しつつあり、それとともに身体と世界と想像力が取り結ぶ古く奥深い関係性も失われつつある。生態学の言葉を使うならば、歩くことを〈指標生物〉と考えるのがいちばんよいのかもしれない。指標生物は生態系の健全性を知るための手掛りで、その危機や減少は系がかかえる問題を早期に警告する。自由な時間、自由で魅力的な空間、あるいは妨げられることのない身体、そうしたさまざまな自由や愉しみにとって、歩くことはひとつの指標生物なのだ。

（『ウォークス　歩くことの精神史』）

『手賀沼周辺の水害　水と人とのたたかい四〇〇年』

中尾正己／我孫子市史叢書

今は穏やかで、ついでに言うと一時期の日本一汚いという水質も多少は改善されたが、千葉県我孫子市にある手賀沼のあたりは、四百年ほど前から利根川の氾濫による水害に悩まされてきた。

そもそも川というのは自然な水の流れに人が堤防をつくったものでは全然なくて、人が生活の都合に応じて、無理ない範囲で流路を決めて流しているものだ。だから、四百年ほど前という変なタイミングで、そこが急に水害地に変貌してしまう。

事の起こりは、江戸時代初期に始まった利根川東遷事業だ。もともと東京湾に注いでいた利根川を、常陸川など別の川に付け替えながら、銚子の河口から太平洋へ流す今の形に至った。東遷自体は江戸の初期に成っているが、その後の対応までも含めれば、数百年の長い年月をかけた大事業である。

その対応の中心に、現在の利根川の下流域があった。言ってしまえば、自分が『旅する練習』

を書く上で歩いた、我孫子から佐原の辺りである。手賀沼周辺と水郷地帯と言ってもよい。

東遷事業前、手賀沼の水は一本の水路を通して穏やかに常陸川に注いでいた。しかし、新田開発のため何度も行われた干拓も上手くいかないところへ利根川が常陸川に合流すると、大水の際、その常陸川の水が容易に手賀沼方面へ逆流するようになった。

暴れ川の二つ名として坂東太郎を与えられた利根川は、流路を変えても遊水池をつくっても下流域で破堤し外水を引き起こし、合わせて手賀沼の排水が滞ってたびたび内水が発生する。外水・内水とは、市街地から見て水害を判別した名で、堤防を越えて市街地に入ってくる河川の氾濫を外水、市街地内で排水しきれずに水が溢れての水害を内水と呼ぶ。

明治三十三年に始まった利根川改修工事によって、キャサリン台風や記録的な大雨などの例外を除けば、破堤による水害は減ってはいったが、それでもたびたび起きる大規模な水害に対応してきたのがこの地域の歴史である。そして、その歴史を後に残そうというのが、著者の本懐である。

そんな常習水害地にあって、人々はどのようにして生計を立て、それを維持してきたのだろうか。来る年も来る年も、ひたすら生きぬくことにあらゆる努力を傾注してきた、その姿こそが、私達の郷土の歴史の実像であると私は思う。多くの人々からの聴きとりの結果を次にまとめてみよう。

「食べるためにはどんな事でもやった」と人々はいう。私はその「どんな事」の内容を聴きたがる。しかしその方法が決まっていれば苦労はないのだ。その場その場で何とか切りぬける方法を見つける。しかし、その方法が見つかるのはむしろ偶然に近い。ほとんど苦しまぎれといってよいだろう。

したがって、昔の苦労話を語るその口調には、前後に脈絡がない。いつそれをしたか、ということもはっきりしない。語り口そのままに混乱に充ちた修羅場であったわけで、この本の中で、昔の人々の苦労を整理して示すことに後ろめたい感すら覚える。

このあと、「しかし多くの人々の話を通して、いくつか共通する方法があったことは事実である。」と続いていく。「食べるためにはどんな事でもやった」の内容について、野草では「あざみが一番食べにくかった」という証言があり、自分はこの草への思い入れの深さゆえに微笑んだりした。

それはともかく自分の最大の興味は、ここで筆者が書いているような、過去の出来事に対する実感と供述のずれとその自覚と後ろめたさにある。そんなものばかり読み集めて唸りながら、小説家であろうとなかろうとこういう葛藤をしている人がいることに心強さを感じる。

いやむしろ、書けばその通りに作品が残るとか早合点しがちな小説家の方にこそ、こうした葛藤は希薄と言ってもよいかも知れないと自戒すべきか。「今を映し出す」という言葉が慣用句の如く使われる一方で、本書の著者が書かずにいられない「残せなさ」への不安や、残すことでそれを代表してしまう「後ろめたさ」を十分に自覚して書かれているものが多いとは言えない。概して読みの労力は、「今」にまつわる作家の「表出」ではなく「今」を題材にした作家の「表現」に割かれながら、この場を機能させていると言えるだろう。

もちろん、「表現」について回るある種の暢気《のんき》さが人々を誘引して市場を形成するわけで、どちらが良いということもない人々の営みではある。あるも、その「表現」の居心地悪さに気兼ねし、腐心していた少数派にこの目が向かうことに抗えもしない。

書き残すとは不思議なもので、書けば書くほど残されるが、書いたものしか残されない。そして、何をどのように書くかは、その時代が大まかな案内をするもので、たいていの人は放っておけば同じようなことばかり書く。それを逃れようとする者が違う風に見、違う風に書けば、もしくは別の見方書き方が輸入されれば、今度はそれが案内役となって、余人もその通りに書いていく。自分の見方書き方が、その文化生活に大いに制限されていることを本当に実感する者は少ない。

柳田國男は次のように説明している。

歌にならない人間の感覚というものは、画に描くことのできぬ風景よりもさらに多かった。それで旅行がいくらでも自由になって後まで、名所というものが幅を利かせていたのである。画のほうには床の間や掛け物の寸法とか、その他これによく似たわれわれの予期が多かった。そのために新たに生まれた美しいものの中から、何でも持ってくるということができなかったのである。

洋画も最初のうちは唐画が大陸の風物を種にしたのと同様に、なるべくこれと調和した題材だけを選んでいたのであったが、そのうちに技術と心がけとが独立して輸入せられることになって、いわゆる埃箱の隅でも描いていいという流儀が、卒然として頭を擡《もた》げることになった。画家のこれがために新たに受けた好奇心の刺戟、これに導かれた才能の覚醒はすばらしいものであったが、それよりもさらに大きな事実は、徐々に実現してきた風景観の解放であった。

昔の旅人が詩歌文章に写し出すことができて、伝えておいてくれたものは一部であったということもわかってきた。弥次郎兵衛喜多八という類の漂浪者の、素朴単純なる旅の昂奮の中には、多くの名状しえなかった感銘があったことも心付かれた。

（『明治大正史　世相篇　新装版』講談社学術文庫）

膨大な知識と資料によって一般論への跳躍を見えづらくさせる柳田の常套手段のような文体もあって、一から十まで鵜呑みにする気にはならないのだけれど、やはりその風景論には見るべきものが多いと思える。

翻って、本書の著者が衆目に、残せているかと苦悩しながらなお残そうと提出したのは、手賀沼周辺で水害に晒されていた人々の、それでなければ名状し得なかった実態と実感である。

こうした努力は、実にささやかなものでありながら、確実な成果であり、それに加えて、今風に言えば、この世の人的資源の豊富さと呼べるものを現前させる効果を持つ。

というのも、水害の中で生きることにその日その月その年をこなすことに必死でいながら、己の生活について、明らかに「表現」のためではなく詳細に書き残すような人間が、湿った沼沢の中、農を生業に生きていたということを、本書は知らしめているからだ。

調査の中で、いくつかのすぐれた日記（農事日誌）にめぐり合うことが出来たのは幸運だった。次にその中のある日記から、二、三の文をかかげてみよう。

六月二十九日……堤塘は刻一刻増水に呑まれ、肩の堤は押し流す雨水に平押しとなり、其物凄さ殆ど手の下す術を見ず、雨益々猛烈、午食を忘れて最善を尽すも、夕刻に限りては各人愈々さじを投げて失心状態となる、心血を注いで耕した稲田は、本年の発育は今だ曾てないと言われる青田は刻一刻水没しつつあるではないか、噫々然し何と言天魔の前にはもろくもあっけない人力よ……

六月三十日……又雨だ、一刻の小歇みもせぬ、川端に趣けば水魔は堤塘の砂丈を残して呑み尽してゐる、対岸の手賀沼方面も遠く布佐大森方面も一面に冠水して水魔は山の裾を洗ふ、洋々只水、又水、ポプラの樹のみが変らず天を払う

この日記の作者である増田実は、湖北村（現我孫子市）の日秀にあって、大正から昭和にかけての農村不況の中で、水害と戦いながら苦境を切り拓き、立派に生き抜いた。この日記は、正にその苦闘の記録である。

あらゆる内憂外患に屈することなく「書く」という習慣を貫き、その場その時でしか表れ得ない人間の感覚と風景を後世に残した増田実の日記は、本書でたびたび引用される。こんなものを読んだら、洪水の中で我の田圃を見に行く農業者が命を落とすのを小馬鹿にできるはずもない。そんな態度は、農業から遠く離れた社会の中で狭窄してしまった眼差しを自ら晒しているに過ぎ

ないだろう。

この増田実もまた、本書の著者と合わせて、自分が『旅する練習』の中に書き入れたかった人物だ。残念ながら小説での紹介は叶わなかったが、作中この地域の水害の歴史にふれ、本書を引用・参考文献に並べているのは、高く厚い堤と広大な河川敷を持つ利根川の、今はまったくのどかな流れの昔にそんな人がいたことを忘れず、下るばかりでなく遡上するための道を、か細いながらも後世に残しておくためである。

『海とサルデーニャ　紀行・イタリアの島』

D・H・ロレンス（武藤浩史訳）／晶文社

D・H・ロレンスの小説は長らく読み返していないが、紀行文はよく読む。不死鳥社の全集には四つ収録されていて、それも含めて色んな訳をさがして読んだが、一番手に入りやすいのも親しみやすいのも本書、晶文社の『海とサルデーニャ』であろう。

訳者あとがきによれば、アンソニー・バージェスも、「ロレンスのもっともチャーミングな作品であると同時に、まず間違いなく最高のロレンス文学入門書である」としているそうだ。西脇順三郎もその小説より紀行文を好んで、訳した「イタリアの薄明」が集英社の文学全集に入っている。

当時シチリアに住んでいたロレンスが、同じく地中海のサルデーニャ島へ旅した記録である。「もっともチャーミングな作品」と言うのも頷けるほど、この旅は、当地の人々との微笑ましい交流や憎めないドタバタ劇に満ちている。

実際、旅というのはそういうもので、経験上、予定も決めずに何泊もふらふら歩くような方法で旅をしていると、生活の中とは異なる出会い方で人に出会うし、しばし行動を共にするのは珍しいことではない。現代の日本でさえそうである。

柳田國男は旅行というものが汽車で名所名跡に行って帰ってくるものに変わったと著書で何度も憂えているが、それからかなりの年月が経ち、その印象はますます強固なものとなったらしい。柳田がその感を強めていったのは、官界を辞めて全国各地をより頻繁に調査旅行し始めた一九二〇年以後だと思われるが、『海とサルデーニャ』は一九二一年一月の旅行を元にしている。ちなみに柳田は一九二一年七月にジュネーヴの国際連盟委任統治委員となって渡欧しているので、彼らは同時期に隣国にいたわけだ。

どうということでもないが、興味深い類似が見つからないでもない。柳田が巡った農村と地中海の島ではちがうと思うかも知れないが、今でこそリゾート島のサルデーニャは、当時は「山賊」だけが名物といわれたところだそうである。そこに走る山間鉄道で、名所を巡るわけでもなくロレンス夫妻が旅した十日、それが『海とサルデーニャ』で、つまり、読者のうちに、そこを訪れたことのある人はほとんどいなかった。

柳田は、『秋風帖』にこう書いている。

紀行は全体誰が読むものかということも、今さらながら問題とせざるを得ぬ。実地を知らない人たちへの案内の書であるならば、この本などはあまりにも説明が拙であり、またあまりにも筆が省いてある。あるいは『膝栗毛』のように知っている人々のために、共同の興味を抱かしめるものとしては、私の通る路はいつもやや片隅に偏していた。当時自分ではまだ心付かなかったけれども、やはりわずかばかりの同じ道を行こうとする人の他に、主としてはその土地の住民の、目に触れることを期していたらしいのである。前代の旅日記の類には、こういう読者を予想したものは稀であったろうが、しかも今日となってはこの人たち以上に、深い関心をもってこれを読む者は他にない。紀行の目的とするところは時世とともに変らなければならなかった。私などの観察は精確でなかったかも知れぬが、とにかくこの新しい需要に応じたもので、それが事実を身《ママ》誤っておらぬ限り、いつかはその土地の人に認められて、あるいは記録なき郷土の一つの記録として遺るかも知れぬ。

（『柳田國男全集2』ちくま文庫）

書こうが撮ろうが何だろうが、これを残したいとか、これが残されてよかったと思うのは奇妙なもので、壮大な景色でなくともハレの舞台でなくとも、そこで起きる全てが興味深いということは十分にある。映画の蓄積の一番下にある『工場の出口』を映した五十秒には、もちろんフィクションの意識もすでにあるが、何よりその動きを映し残すことへの大きな衝動がある。さて新しいこいつで何を映してみようかとなった時に、他でもない自社工場の出口の前に機材を置こうと決心したのだから。

そんな衝動は、今なお死せず息づいて、人を駆り立てている。ただし、その大半の内実——どこでどう何を残すのかという意識や方法は、ますます空疎になっていくようにも見える。自分のために残す限り、人は腑抜けに大きく傾く。己の記憶を補完するものとして何気なく残すのは当人にとっては無論かけがえのないものだが、誰もが発信できる世の中になったんだからと嘯《うそぶ》いてご立派な意識でやっているものの大半さえ、名所を訪ねてその写真を撮るのと大差ない未熟な意識と方法でできている。柳田の文を読み直すまでもなく、どこでどう何を残すかというのは一種の企みで、企みなく残されるものは当人の思うほど役に立たない。

ロレンスは明らかに小説とは書き方を変えていて、そこには何をどのように書き残すべきかという企みが感じられる。この紀行文は、前述した通り、共同の興味を抱かしめるものとしては通る路が片隅に偏しており、案内の書としては当地の人々とのやりとりが多く個人的記憶に大きく傾きすぎているが、もちろんそれも企みなのは、実は、サルデーニャを行き先に決めた理由からして明らかだ。

サルデーニャにしよう、何もない場所だから。歴史がなく、日付がなく、民族もお国自慢もないから。サルデーニャにしよう。

さらに、こんなところもある。

ヌーオロには何も見るものはない。じつをいうと、いつものことながらほっとした。名所見物は腹の立つほど退屈である。だが、ありがたいことに僕の知るかぎり、ここにはペルジーノのひとかけらもないし、ピサ様式の何ものもない。幸いなるかな、見所の何もない町よ。なんと多くの街《てら》い、気取りが省かれることか！　そうなれば、生は生の本分にもどって、博物館に物を集めることではなくなる。そうすれば、すこしけだるい月曜の朝にせまい道をぶらついて、ちょっと噂話を楽しんでいる女たちを眺めて、パン籠を頭にのせた老婆を眺めて、仕事をいやがる怠け心を起こした連中、勤労全体の潮がうまく流れない様子を眺めたりできる。生は生、物は物。「物」を憧れ求めつづけるのは、たとえペルジーノの作品でさえいやになった。かつてはカルパッチョやボッチェテリに身を震わせたこともある。だが、もうたくさんだ。土くさい白ズボンをはいて腰に黒いひだ飾りをつけた灰色髭の老農夫が、上着も外套もはおらずに、腰を曲げて牛のひく小さな荷車の横を歩いてゆく。ただそれだけの姿、それならいつ見ても飽きることはない。「物」にはうんざりだ、たとえペルジーノでさえ。

ロレンスは「見るものはない」と言いながら、実によく見て書いている。全体通して描写は実に細かい。こうなると、むしろ柳田國男との共通点ばかりが見えてくる。およそ百年を過ぎてみれば、これは明らかに同じ企みに基づいた、記録なき郷土の一つの記録なのだ。

一九二一年のサルデーニャの人間が、当時の文化と環境の中で、それぞれどのように小ずるく、どのように愛嬌をもって、どのように無頼であるいは無知であったかという「生の本分」に忠実な姿を、この本よりも活き活きと書き残しているものは、他にないだろう。

様々な場面で、よくわからないけど泣きそうになり、これもなぜだか知らないが、書き残されるべき場面だったという気がするのは、その書きぶりはもちろん、それを書いておかねばならないと思った、その日その時その場所でのロレンスの衝動が、伝わるからに他ならない。

例えばこんな、移動のバスに乗ったまま、しばらく待たされる場面。

ただただひたすら待つ。すると、豊かな白黒衣裳の老農夫が老人特有の素朴な笑みを浮かべて、うれしそうに乗りこんできた。あとからスーツケースを持った血色のいい青年が乗ってくる。

「さあ！」と青年が言う。「もう車んなかだぞ」

するとと老人は素朴な笑みをなおも浮かべて、ぽかんとふしぎそうにあたりを見まわした。

「ここならだいじょうぶだ、な？」青年町民君がえらそうにくりかえす。

だが、感情の高ぶった老人は答えない。あちらこちらを見まわす。とつぜん小さな包みを持ってきたことを思いだして、ぎょっとしてさがしはじめた。紅顔の青年が包みを床から取って、老人に手わたす。ああだいじょうぶだ。

小柄な車掌が、裏にウールのついた粋な軍人用短コートをまとい、手に郵便袋を持ってきびきびと大股で小道を下ってきた。運転手も僕の前の運転席に乗りこむ。首にマフラーを巻いて、耳まで帽子を下ろしている。クラクションをプーッと鳴らすと、老農夫は身を乗りだして、興味津々、目を凝らす。

がたんと揺れるといきなり山を登りはじめた。

「ありゃー、どうしたんだ？」

度肝を抜かれた老農夫が言う。

「出発するところだよ」

紅顔の青年が説明する。

「出発！　もう出発したんじゃねえのか？」

ほがらかに紅顔君が笑った。

「ちがうよ。乗ってからずーっと走ってると思ったの?」

「ああ、そうさ」と素朴に老人が言う。「ドアが閉まってから、ずっとな」

同意の笑いをもとめて青年が僕らを見る。


ちなみに、ここで老農夫が着ている「白黒衣裳」はサルデーニャの民族衣装で、ロレンスはここまでさんざんそれを素晴らしいと褒め称え、多くの若い農民がそれを着ないで「イタリア製カーキ」の服を着るようになったことを嘆いている。

つまり、話は戻るが、ここにはサルデーニャの移り変わりが、バスの車内という象徴的な場において書かれている。便利に変わっていく現実を、民族衣装の老農夫が、ロレンスのようにそれを惜しむ意識などもちろんなく、訳の分からぬまま鷹揚に受け容れている様まで、柳田があちこちで書き説いた日本の農村の移り変わりそのままである。町の若者が同意を求める対象は、むしろ島の外から来たロレンス夫妻なのだ。

無意識かも知れないが、そんな場面にこそロレンスの衝動が鋭敏に起こることが、この紀行文の意義をより深いものにしているのは間違いない。

『声と日本人』

米山文明／平凡社選書

何か創作したいと思って、まず人はその創作物から学ぼうとする。映画から映画を、マンガからマンガを、小説から小説を考える。そして、絵画からマンガを、演劇から映画を、お笑いから小説を考えたりする。もちろん、世界に生み出された作品の数を考えればそれだけでもきりがないのだけれど、世界はそれよりもっと広いのだから、創作物から創作物について考えることすら、せせこましい気もしてくる、だんだん。

いくとこまでいった人ほど、その枠を越えたあらゆるものから自分の分野に資するものを得るのに貪欲だという傾向はありそうだ。世の人はそこへ能動的に学ぶ姿勢を見出して感心したりするが、年がら年中一つのことについて考えているから、触れたもの全てをそれに繫げて考えてしまうだけというのが本当に近いと思う。

逆に言えば、異分野から学び考えることができないのは、年がら年中そのことについて考えられないある種の未熟さを表すと言えるかも知れない。もちろん、そのあることで何者かになりたいと思っているなら、だけれど。

異分野のそれとは自分に加える変数みたいなもので、奇特なものだろうと別に構わないが、あんまり好き勝手にやっても、外れるのはいくらでも外れられるのだからつまらない。個人的な意見として、例えば小説について考えることが野放図にならぬよう、一方に文学史や理論があり、自分が有象無象から学ぶべきものを大きく選りわけてくれている気がする。その知識が、縁遠いと思われる異分野に広く目を配る時の命綱となる。

どんな分野でも、そんな感じで使えるものは何でも使おうと、いやな言い方をすれば「役に立つもの」を渉猟していくわけだ。そうやって桑田は古武術を学ぶ。その師である甲野善紀も、まあ快く思わない人もあるだろうが、自分の技を「役に立つもの」として積極的に他分野へ広めている。

本書にも「人体を使って表現するあらゆる行動で、呼吸はその原点になる。各種スポーツ、芸術、その他における例は枚挙にいとまがないほどである」と書かれ、あらゆる分野の人々がその専門家である著者を頼ってくる様子が豊富に紹介されている。

自分がこんな本を読むのも、「役に立つもの」かも知れないという期待があることは否定できない。ふつうは今の引用中の「人体を使って表現するあらゆる行動」の中に文学を含めたりはしないかも知れないが、自分は含める。だからそのまま活かすことができると都合よく考えるし、そうでなくとも、転義法が全てを学びに変えてしまうということもある。

人間にとって「生きる」ことは「呼吸《イキ》」ることである。息を吸う吸気によって大気中の酸素の多い空気を体内に取り入れ、体内で不要になった血液中の老廃物を息を吐く呼気として体外に排出する。そしてその排出するときの呼気流と呼気圧を利用して「声」をつくる。この発声をする際の呼気と吸気をいかにうまく、効率よく使いこなせるかという点が最も肝要でしかも難しい課題になる。呼吸は「声」にとって根源的な役割をはたしており、呼吸がなければ声も生まれ得ない。声は排出する不要のガスのリサイクルである。

転義法とは、こういうものを読んで、いとも簡単に次のように考えることができるということだ。

人間にとって「生きる」ことは「書く」ことである。言葉を知ることで世界を認識するための新たな情報を取り込み、その意味では不要になった老廃物を文字として体外に排出する。そしてその排出するときの圧力を利用して「小説」をつくる。「小説」は排出する不要の言葉のリサイクルである。

突飛なことで筋も通ってるんだかないんだか、何言ってるんだと思われるかも知れないが、この文章を読まなければ、およそ思いつかないようなことであるのは間違いがない。正しいとか正しくないとか、そんな問題ではない。

およそ自分を喜ばせる新しさとは、何言ってるんだと思えるけれど関連がないとは言いきれないような何かでしかなく、それは、こうした無理筋の転義法の中で、それ以上解釈の難しい文章そのままの形として多く収穫される。もちろん、元々の文章そのものが興味深いものでなければそんな気も起こらないのだけれど、実際、自分はこの文章について考え続ける意義があると思っている。

本当はそれぞれがこういう少しでも変わったことをどんどん考えて共有していかなければならないと思うが、大半の人が取り組んでいるような創作物から創作物について一生懸命学ぶ方法では、こんな幸運はほとんど起こらないということは、僭越ながらよくわかっているつもりだ。自分も以前はそんな風だったから。

でも、そんな風だった長い時を経なければ、こんなことが自然に行えないことも知っている。じゃあその長い時の道筋はどうであったかということも、転義法を好き放題に用いれば、本書の中にヒントが書いてある。

例外的な境遇は除いて、小説が別に誰にでも書けるのは、歌が誰にでも歌えるのと似ている。

しかし、その先で「何者かになりたい」と思うとして、「何者か」と「そうでない者」の違いがどこにあるのか、「才能」と「努力」と呼んでしまっているものをどう捉えるのか。何より、その根本となる「どのように言葉を取り込むのか」について、次の文は多くのことを示唆してくれるだろう。

呼吸の方式は前述のように胸式と腹式に大別され、安静時（声を出していないとき）の呼吸では胸部と腹部はほとんど同時に動く。これを等時性（Synchronism）という。このときは胸郭と横隔膜とはほぼ同時に動いている。ところが発声時（話すとき、歌うとき）には同時に動かず、瞬間的なズレが起こる。つまり非等時性（Anachronism）という現象が起こる。これまでの内外の研究を要約すると、特に歌う場合、熟練した歌手では腹部の動きと横隔膜の動きが時間的にずれ、同時に動かない。腹部と横隔膜だけでなく、胸部と腹部も非等時性が顕著になるといわれる。

歌うとき、話すときには非等時性がある方が有利だということになる。ある程度パターンのきまっている横隔膜筋の動きと、かなり複雑な動きの可能な補助呼気筋すなわち腹筋群（腹筋、背筋、骨盤筋、臀筋、その他）とが同時に動くのは未熟な歌手の証拠だということになる。

まとめてみると、発声時に望ましい呼吸とは

①腹筋周辺の動きと横隔膜そのものの動きとは非等時性がある
②胸部の動きと横隔膜そのものの動きとはほぼ等時性がある
③胸部の動きと腹部周辺筋群の動きとは非等時性がある

ということになる。

発声のための呼吸訓練をする上で肝要な点は、横隔膜そのものの訓練だけではなく、意識的にコントロールしやすいその周辺の補助呼気筋群その他を使って、間接的に横隔膜の動きを自分の意識下のコントロールといかに結びつけられるかということである。

『ライ麦畑でつかまえて』

J・D・サリンジャー（野崎孝訳）／白水Uブックス

あちこち出掛けて、博物館や郷土資料館があると必ず入ることにしている。高校生ぐらいからそうで、知識もまばらだったその頃に見たことなんて実際ほとんど覚えていない。松戸市立博物館の常盤平団地の展示とか、小さい頃の記憶が鮮明に甦って驚くこともあるけれど、大体は展示内容なんて記憶にないまま変わったスロープや階段とか、動線だけ覚えていたりして、来たことあるなとだけ思う。

今でこそ、どんな順番で見るかなんて展示物ですぐにわかるが、そんな頃はめちゃくちゃだったろう。今でも、平日に体が空くのをいいことにのんびり見ていると、新たに入ってきた身なりの整った比較的若そうな老夫婦が、甕棺墓の埋葬方法を興味深そうに見たあとで後ろを振り返って、本来ならその部屋を時計回りにぐるっと回った後でたどり着くはずの大和絵を腕組みして眺め、そのまま反時計回りにぐんぐん時代を遡ってきたのとすれ違うなんて場面にはざらに出くわすが、そんなものである。自分も門外の出されるところに出されれば、似たような動きをするだろう。
こうした博物館や郷土資料館は、もちろん学術を基準とした展示だから、多くの人々にとってはっきり言えば退屈なものとなっており、見ていると皆どんどん素通りしていく。つまり、ほとんどの人には興味の持ちづらいものが広く展示されている。そんなものだろうと当然のように受け取られるが、これは我々が恵まれているのであって、別に当たり前のことではない。

ベラルーシ各地の郷土史博物館の類を見学すると、全体の三分の一か、下手をすると半分近くは独ソ戦に関する展示と相場が決まっている。一般国民の歴史イメージは、だいたいこれに相応しているのではないか。歴史といえば、ナチスの侵略と蛮行↓パルチザン戦と勝利↓戦後復興という筋書きであり、それ以前のクリヴィチだ、大公国だといったことは吹き飛んでしまっている。（『不思議の国ベラルーシ　ナショナリズムから遠く離れて』服部倫卓、岩波書店）

委託先一つで学術に背を向ける図書館だって出るように、人の意識で何もかも変わってしまう。届かぬことは無しにするのが人の意識だ。忘却だって使いようとはいえ、こうした種類の忘却は虚しい。

本来、博物館の全てに行き届くほどの意識というのは人に無く、それぞれに向けられたそれぞれの人の意識がその場の広さに応じて一堂に会し、公共の名のもとに場を譲り合い、あの静かな空間を作っているということを忘れてはならない。

また、それを見るための知識によらず、誰もが入れるのが公共施設というものだ。もちろん、数百円払えれば貧富も何も関係なく、ドレスコードだってない。

岩宿遺跡を発見した相沢忠洋は、浅草の履物屋での小僧奉公をしていた十二歳の時、初めてひとりで上野の博物館を訪れた。それまで「私のような者が行く所ではないような気がして、そのときは塀ごしに見ただけで帰ってきてしまった」こともある中、ある日に思いきって出かけ、「私のような格好をした者は一人もなく、みんなきれいなきものや服をきているので気が引けたが、勇気を出して建物の中に入った」とある。

先日、自分は一年ぶりに栃木県立博物館を訪れた。螺旋状に上がっていくスロープの途中、当地の代表的な自然を一目で把握できるようにしたジオラマがある。右ではノウサギが茂みから飛び出し、左では鹿の親子が見つめ合っている。手前の子鹿は首をのばして奥の母鹿を見上げ、母鹿は子を見下ろしつつ、その先——つまりはスロープを上ってきた自分のいるこちらへ気を配っているようだ。一年前に見たままである。

そのジオラマの鹿で、本書を思い出したのでこんなものを書いている。

ホールデンは小さい頃に先生に引率されて何度も訪れた自然科学博物館の、いつも変わらぬ姿に思いを馳せる。

いやあ、あの博物館にはガラスのケースがいっぱいあったなあ。二階へ行けばまだあって、水たまりの水を飲んでる鹿が入ってたり、鳥の群れが冬を越すために南へ向かって飛んで行くとこを納めたケースもあった。見物人に一番近いとこの鳥は全部剝製で、針金でつるしてあるんだけど、奥のほうのはバックに絵を描いただけなんだ。でもそれがみんな、本当に南に向かって飛んでるように見えるんだ。でも、もし頭を下げて、下から鳥を見上げるみたいにすると、それがいっそう急いで飛んでるように見えるんだ。でも、この博物館で、一番よかったのは、すべての物がいつも同じとこに置いてあったことだ。誰も位置を動かさないんだよ。かりに十万回行ったとしても、エスキモーはやっぱし二匹の魚を釣ったままになってるし、鳥はやっぱし南に向かって飛んでるし、鹿も同じように、きれいな角とほっそりしたきれいな脚をして、あの水たまりの水を飲んでるはずだ。

こんな場面も、博物館に何度も訪れてそれを見るという経験がなかったら、そこまで感興をそそられるかわからない。そのぐらい、そこでしか生まれ得ない感情が詳らかに語られている。

このあとでホールデンは、何度行っても変わらない展示の中のものたちに対して、見る方は行くたびに変わっていることに言及する。それによって何が示されようとしているかは目下の考え事なので ここで詳しく書かないが、いわば公共の場に置かれるようにして小説に書かれる感情が、言葉ではなく記憶とともに実感できるというのは、読み手にとって深い歓びであるのは間違いない。

何であれ、こうした私とつながる瞬間のために公はあるのだろう。公共は対置される概念である私や個に恩恵をもたらすものであるべきというのが公益の考え方で、もちろん、博物館もそのような目的でそこに建っている。

歴史や郷土のために貴重で意義深いものが保存されているというだけではなく、同じものがいつもその形でそこに置いてあるということがどんな理由であれ個人に何かを思わせる、それだけで公益だと多くの人が考えられるような社会であるといい。いつ来て何を閃くかもどんな感慨にふけるかもわからない個人のために、博物館はひらかれているのだ。

相沢忠洋は、一家離散の上に奉公に出されるというつらい身の上の中でひとり大事に集め、築き上げてきた私を、個を、博物館の中に見出した。それを受けてさらに育まれていった彼の知見によって初めて関東ローム層から発見された打製石器は、今、岩宿博物館のガラスケースの中に収められている。彼が初めて上野の博物館を訪れた時の続きを載せておく。

最初のへやに入ると、ガラスの大きなケースに、埴輪《はにわ》や大きな土器があった。順路にそって見ているうちに、私は自分の目をうたがうくらいおどろいてしまった。自分が、コウリのなかにもっているやじりや斧とまったく同じ形をしたものが、この立派な博物館のなかにいくつも並べてあったからだった。

私は息をつめて凝視した。

石斧や土器を初めて手にしたときの鎌倉でのことや桐生でのことが、走馬燈のように頭のなかで回転するのだった。

（『「岩宿」の発見』講談社文庫）

『案内係 ほか』

フェリスベルト・エルナンデス（浜田和範訳）／水声社

最近、あんまり小説を読まないが、これは何度も読み返したし、たくさん書き写した。ピアニストから転身したウルグアイの作家の短編集である。

いきなり個人的な見解を言えば、演奏すること、書くことといった行為の内実にとことん興味があり、全てがそのことに関わるように書いている作家だと思う。その思弁が、それぞれの物語というかそれぞれの「状況」の中にちょくちょく差し挟まれ、だからそんなことを考える由もない人にとってその記述は幻想的や「シュール」といった印象になるだろう。そして、その通りにシュルレアリスムと言って構わない面もある。シュペルヴィエルも讃えているくらいだ。

アンドレ・ブルトンはシュルレアリスムを「口頭、記述、その他のあらゆる方法によって、思考の真の動きを表現しようとする純粋な心的オートマティスム。理性による監視をすべて排除し、美的・道徳的なすべての先入見から離れた、思考の書き取り」と定義しているが、そこに範をとっているかのような記述は、そこかしこに発見できる。

私は誰に対しても、特に自身に対して用心したい。まるで十本の指が私をくすぐろうと脅かし、それを避けねばならないかのように。もう一つ用心しなければならないのは、分類するという悪癖だ。秩序というのは手段としてはいいが目的としてはよくないのは確かだが、誰もがそれを忘れ去り、思考を秩序づけるという手段を目的にしてしまうのだ。

フェルナンド・ペソアがもっと小説を書いて、断片に灯る光と光の間に横たわる薄暗さに目をつぶることができたならこんなものになったのかも知れないと思わせるが、そんな推測も、思考を秩序づけるという手段を目的にしてしまった結果にしかならない。誰もが、こんな風に文字が連なることで何かを言った気になっているのだろう。

とはいえ、この前段も含め、こういう自己否定を繰り返している人間の書き物が似てくることは否定できない。彼らが隙あらば行う自己言及は「自分の行為を、その行為の副産物によって否定する行為」で、やればやるほどに狭まっていかざるを得ず、新たな否定の隙もないと思えるほどの狭さ自体によって似てくるからだ。それは書くという行為のどん詰まりである。どん詰まりだが、アキレスと亀の距離のように、永遠に続く有限の中の無限とも言える。

だからこそ、彼らが文を書く上で重視するのは実感である。自己否定に塗れた行為の救いは、自分を否定する能動つまり今まさに書いている時にだけ存在する。書くことが、究極にはそんな行為であることを思い知った人間は当然、何を書いていようと、次の箇所で否定されているようなことに意義を見出すことはできない。

私は意を決し、彼には理解できないことを説明してやった。曰く、私はどこかへ行くかなどまったく興味なしに書いているのであり——たとえそのこと自体がどこかに行くことになるとしても——さしずめ次の目的地は、悦びを引き出し必要を満たすこと以外にない。私の中にあるこの必要というのも別に、何かを教えることになどまったく関心はない。もし私の書くものが結果として、楽しませ感情を揺さぶるものに関心を示しているのであれば、それも結構。だが私は少しずつ埋まってゆくこの素晴らしいノートを埋め、やがて埋まった日にはフルスピードで読んでみるという以外、何もしようとは思っていない。

他人の楽しみや学び、それに伴う賞賛は「結構」だが、「関心はない」のだ。作中人物はノートを埋めて読むだけと言うが、出版社の、精一杯わかりやすい紹介に努めたであろう文を読んでもらえば、書くことにまつわる考えを頭から離さずどう小説に仕立て上げるかについて、相当な関心を持ってあの手この手で「状況」作りに取り組んでいたことがおわかりいただけるかも知れない。

思いがけず暗闇で目が光る能力を手にした語り手が、密かな愉しみに興じる表題作「案内係」をはじめ、「嘘泣き」することで驚異的な売上を叩き出す営業マンを描く「ワニ」、水を張った豪邸でひとり孤独に水と会話する夫人を幻想的な筆致で描く〝忘れがたい短篇〟(コルタサル)「水に沈む家」、シュペルヴィエルに絶賛された自伝的作品「クレメンテ・コリングのころ」など、幻想とユーモアを交えたシニカルな文体で物語を紡ぐウルグアイの奇才フェリスベルト・エルナンデスの傑作短篇集。

僭越ながら、ここまで書いたことには、自分自身かなりシンパシーを感じる。また一人そのような人物が過去にいたという証拠を集めて、これが出版された二〇一九年の年末はとてもいい気になっていた。

特に次の記述は、そこまで読んできてこの興味深いフェリスベルト・エルナンデスが何をしているか見てやろうと息巻いていた上に、二〇一八年頃の自分が小説という形で実現しようと取り組んでいたことがずばり書かれていたものだから、かなり驚いた。これが客観的偶然と呼ばれるものなら、自分のやってきたことも順調かつ敢えなく狭まってきているのだと思えてまんざらでもない。

親愛なる同業者、そう、そう、今読んでいる君のことだ。ここに並ぶ文字の目、穴、本体のすき間から、尖った角の後ろから見ているんだからな。君も同じことをやろうと試み、二人して文字のあいだを移動する際に武器を隠したりすれば、傍目からは無邪気に隠れんぼでもしているような格好になる。つまずいたらご用心!

創作

八月七日のポップコーン

三十分前、僕と真月は、僕にとっては両親と兄夫婦を、真月にとっては祖父母と両親を玄関で見送った。見送ったと言えば聞こえはいいけれど、しつこく皆に誘われるのを意固地に断ったせいで不機嫌になった真月は、僕の服の裾を引っ張って、わざとらしく部屋の方ばかり見ていた。

そして真月は今、物心ついて初めて打ち上げ花火の音を聞いたところだ。紐で引いてやると波打つ動きをするカタツムリのおもちゃ、その紐のこんがらがったのを夢中で解こうとしている時、窓を閉めた部屋の外から控えめな爆発音が響いた。不思議そうに僕を見上げた真月をベランダに促した。

ゆるい風のおかげで耐えがたい暑さでもない。真月の柔らかい前髪の一本一本がピアノのハンマーみたいに動いた。抱きかかえてやり、真月は、光のもやが波紋のようにマンションの両脇に滲んでは消えるその濃さや淡さとして、初めての花火を見た。なんともいぶかしげな顔をして。

「なかなかいいもんだね」と僕は言った。「五年前はあのせいたかのっぽのマンションがいなかったから、花火はぜんぶ見えたんだ。そしたらみんなここにいて、真月だって、さっきみたいな行く行かないの大騒ぎをしないですんだんだけどね。花火、見たかった？」

真月は光のもやを見ながら力強く首をふった。

「いっしょ」

「いっしょ？」間抜けなことに、自分に言われたんだと思ったんだ。

「とし、せいたかのっぽといっしょ」

「ああ」うめくような声になった。「そう、同じ五歳だ。向こうはだいぶ発育がいいね。ライトもあんなにたくさんついてる」

「ねえ、そこにたたせて」

真月はフェンスにぴったりくっつけられたロッカーを足先で示した。僕の腰ほどの高さだ。中には母の園芸用品が漬物にされている。

「そこに？　ちょっと危ないな」

「おねがい、たたせて」

下ろしてやったけど、手を離しはしなかった。

「なんだ、足が震えてるじゃないか」

「ううん」と小さく首を振る。「はなしてみて」

「無理しちゃダメだよ。無理はよくない。うまくいったとしてもね。この前、一緒にパプアニューギニアのおサルたちのテレビ見ただろ。負け知らずの若いやつが、ほかの群れからやって来たボスに自信満々けんかを売って」

「ヤング」

「あいつそんな名前だったか、まいったな。それでボスに挑んだら、引っ掻かれるわ噛みつかれるわこてんぱんにやられて、群れの周りをうろちょろするだけになっちゃってさ。あんな風にひとり背中丸めて木の実食べたくないだろ」

「ボスは、バルガス」舌足らずなのに巻き舌で繰り返す。「バルガス」

「うん、あいつ強かったな。どっしり構えていばらない、えらいやつだったね」

「だからはなしてみて」

「いや震えがひどくなってきたぞ、バルガス。いいから下りよう」

「だいじょうぶだってば」

「いや、下りた方がいいよ」

僕は真月を持ち上げて抱えこんだ。友情に免じてくれたか、何も言わない。花火は相変わらず、大仰な音だけを響かせながら、色とりどりの光の裾だけをぼんやり覗かせている。

「本当にちょうど見えないんだ。真月は、同い年のあいつがいなかったらって思うかい？　あいつがいなければ花火を見られたのになって」

ぱらぱらぱらと火薬の弾ける音が耳に届いた。

「おもわない」と真月は言い張った。「ぜんぜん」

「どうして？」

「そうぞうするから」

「ずいぶん難しい言葉、知ってるんだな」

「だからへいき」

「でもみんな、あの、まっくらな空に現れては消えていく音や光を見ないと気が済まないらしい。それでぞろぞろ出かけていくわけだ」

「みたかった？」

「それがどうもわからないんだ」僕も花火の明かりを見ながら答えた。「僕は、見られなくてもぜんぜんかまいやしない。でも、真月がいなかったら、みんなと一緒に出かけていって、もっと近くで、下から見上げていたはずだ。かき氷でもつつきながらね。それがどんなにいいかも知ってるつもりだよ。確かにすごくいいもんだ。でも、そんなこと考えてもしょうがないんだ。僕はね、誰かといる時は、自分がしたいって思う事なんかしたいと思わないよ」

「したいことしなかったら、だれかにとられちゃうよ」真月は無茶に首をひねり上げて僕を見た。

「ようちえんで、ウォーリーの本をとられた」

「あとでさがしたってウォーリーはいるよ。みんなが盛り上がって、誰も見向きもしなくなって、開きっぱなしで放っておかれた本を見てごらん。ウォーリーはいるんだよ。見つからないかもしれないけどね」

部屋に入ると、真月は大人しくなった。しばらくはリネンのクッションを抱いてソファの上でむずむず動いていたが、口の端に微かに残っていたらしいミートソースがクリーム色の生地に拭き取られる頃には寝息をたてていた。あとで僕が小言を言われるんだろう。

僕はさっきまでみんなが食事を囲んでいたテーブルに移った。段取りの良い一族のこと、食器はほとんどシンクのなかに片付けられて、ポップコーンの入った木製ボウルだけが青いランチョンマットの上に置いてある。一つつまんで掌の上で転がしながら、真月のいるソファの背を眺めていた。

誰だって、いつまでもポップコーンの種じゃいられないんだ。黄金に輝いて透き通る無邪気さがそのまま頑なさであるような夢は、数年も経てばおしまいだよ。この世でいつの間にか溜め込んだ熱が、僕らをいびつに弾けさせてしまうんだ。拍子抜けするほど、何の予兆もきっかけもなくね。もちろんそれは、時には打ち上げ花火みたいにいいものだ。けど、あんまりいいもんだと、むしろ君はそのせいで、みんなのことを考えながら憂いに沈んでいくだろう。住みにくい人の世で、みじめにならない方法を教えてあげられるとすれば、君がすばらしい人間になればなんの心配もいらないということだ。すばらしい人間というのは、そうだな、そんな奴がいるとすればだけど、花火なんて見たこともないくせに、マンションの陰にある花火をきちんと「そうぞう」できる人間にちがいない。何を思えなんて指図する気はないんだ。そんな風に、この世には今この目に映らないすばらしいものがあると「そうぞう」していれば、いつか自然に、無理なく、そいつにちゃんと出会うんだから。君の手や頭がちゃんと訓練されていれば、それを自分でこしらえることだってあるかもしれないよ。でも気をつけなくちゃいけないのは、この「そうぞう」ってやつがちょっと目を離すうちに、かさ増しされた知識に変わってしまうことだ。本当の知識はそんなものではないのにだよ。悪いことに、僕らの腹はいとも容易《たやす》くそれでいっぱいになってしまうし、余れば誰かに投げつけようって気にもなるらしい。ポップコーンみたいにね。

いいかい、真月。弱さも強さも君の中にある。その中でも一番いいものを活かしなさい。君がすばらしい人になり、その当然の権利として、幸福になるよう祈ってるよ。真月、すばらしい人になるんだよ。

ソファからはみ出してきた真月の丸い足の甲に目がいって、僕は持っていたポップコーンの一粒をシャツの胸ポケットにしまった。姿が見えるようキッチンに移動した。

その時、皆の帰りを知らせる様々な音が聞こえてきた。ドアの震動、キーホルダーの鳴る音、玄関の電気をつける音、後ろを気遣い靴やサンダルを急ぎ脱ぐ音、こもったような話し声。そういう馴染みの音の数々。そのどれも、真月を起こしたりはしない。

僕は十八歳までこの家で過ごした。家具は少々変わっているが、テレビの位置は変わらない。僕たちは馬鹿みたいにあっちを向いてほとんどの夜を過ごし、夏には花火を見た。今は花火が見えなくなり、真月が眠っている。

誰かが廊下を歩いて近づいてくる。この速いテンポで真っ直ぐ踏みしめるやり方は父のものだ。

「おかえり、どうだった？」

「まあまあだな」と、これ以上は何も出てこない。

リビングはすぐにぎやかになった。真月は早速みんなに取り囲まれて、キッチンからはすっかり見えない。なんだか救助されてるみたいだったな。

僕は一人、ベランダに出た。見下ろせば、駅に戻る大勢の人が道路いっぱいにひしめき、そこを突っ切ろうとする車が難儀してのろのろ走る。何気なくロッカーについた指に、うっすら積もった砂埃を感じた。ぎょっとして見ると、その横に、裸足の小さな足跡がある。ばれなきゃいいがと思いながら明るい部屋の中を振り返れば、真月はわたあめの袋なんかもらって眠たい顔で笑っている。

すばらしい人にならなくったって怒るもんか。今の君を覚えているからね。僕も、そこにいる誰も、今の君みたいだったなんて、「そうぞう」もつかないぐらいにおかしなことじゃないか。僕はこの八月七日のささやかな記念として、ポケットから取り出したポップコーンを足跡の上に置いた。ゆるい風が、すぐにそれを払い落としていった。

センリュウ・イッパツ

昼休みの教室、まばらな人の中に昼食を食べている者はもうない。二、三人かたまって喋るいくつかの女子グループ、スマホを見ている男子、ノートを広げて予習課題をこなす男子、昼休みに教室から出ないで過ごす者たちが醸し出す空気は、授業の合間の休み時間とはちがう独特な気怠い静けさがあった。

それを破るように、後ろのドアが勢いよく開いた。それはバスケ部のくせに小柄な井上だった。声を放り込むように、誰に言うともなく叫んだ。

「上田涼子が渡り廊下のガラスに突っ込んだ！　ガラスは粉々、上田は血だらけ！」

全員の視線を集めた井上は、ドアを開け放したまますぐに消えた。隣へ駆けていく音は、小さくなりながら途中で途切れた。

「上田涼子が渡り廊下のガラスに突っ込んだ！　ガラスは粉々、上田は血だらけ！」

遠く響いた二度目を聞くことで、教室は事態を把握した。お喋りのグループは、その中の誰かと顔を見合わせようとし、笑顔が花開いてしまう前に誰ともなく立ち上がる。あせりと華やぎを混ぜ返したような軽急ぎの足音を鳴らして教室を出たところで、廊下を全力で走っていく男子が鼻先をかすめるのに驚き、意味もなく笑いながらそれに続いた。その後ろを、奥から来た女子グループが、こちらは幾分深刻そうな顔で小走りに通過する。

四階全体がひどく静かになったけれど、この教室にはまだ三人の人間が残っていた。教卓の前の席で予習課題をこなす山名孝彦と、廊下側の壁際の席でスマホを見ている南進也と、女子グループの一人として立ち上がりながら、すっと切り離すように歩を止めて教室の後ろに留まった椎橋渚。

その沈黙を破ったのは椎橋渚だった。

「二人は行かないの?」

南進也は肩越しに椎橋渚を見て「急に話しかけるなよ」と言った。「キンチョーしちゃうだろ」

「緊張してる奴の返答じゃないけど」

「椎橋といえども異性だからなー」

椎橋渚はそれを無視して山名孝彦を見た。「山名くんは?」

「ぼ、ぼくは、川柳つくらないといけないから」

高校生川柳コンクールに出すという課題は、午前中の現国の授業で出たところだった。

「それ、来週の提出でしょ。もうやってんの？　マジメだね」

「ちょっと、いいの思いつきそうだったから」

「ふーん。ふっと笑える日常を表現できそうだってこと？」

「先生はそう言ってたけど、そこまでかは……」

「なあ」南進也がどこか気怠そうに言った。「あんまり山名をいじめるなよ」

「いじめてないし」

「椎橋こそ、行かなくていいのかよ」

「そりゃ、心配だけど」

「だけど、なんだよ。ここにいる意味ないだろ」

「南は心配じゃないの？」

「なんで？」

「なんでって……」

「クラスメイトとしてか？」

「本気で言ってんの？」

「何が？」

「よくそんな態度とれるね？」

「何のことだよ」

「上田さんがどんだけ泣いたと思ってんの？」

山名孝彦は思わず振り返ったが、椎橋渚は南進也だけを見ていた。山名孝彦は大袈裟に反応した自分を恥じて首を戻そうとしたが、動揺のためか、そのまま奥へ回す形で前を向いてしまった。首が一回転した。

「やっぱりお前ら、グルだったのか」いかにも呆れたというような口調で南進也は言った。「おかしいと思ったよ。もしかして、俺の反応を見ててほしいって、上田が言ったのか？」

椎橋渚は黙りこみ、恨むような目を南進也に向けた。

「おいおい」南進也は目を見開いて驚いた。「マジでそうなの？　ガラスに突っ込んで血まみれだって聞いた時の、俺の反応を見てくれって？」

「最悪の反応だったけどね」

山名孝彦はゆっくり後ろをうかがって、これで一回転半。慌てて前を向いてこれで二回転。しかし、この状況に気が動転しているし、川柳も考えなくてはいけないし、首の回転には気付かなかった。

「最悪はどっちだよ。狂ってんな、上田は。俺の気を引くのと自傷行為を手っ取り早く一回で済ませたってことか？　告白断ったぐらいでそんなことするエキセントリックな女しんどすぎるから、どのみち無理だったよ」

「え？」

「そう伝えてやれよ。ケガが治ったら」

「ちょっと待ってよ」椎橋渚は納得のいかない表情で、そうさせた言葉に戻って問い質《ただ》した。

「告白断ったぐらいで？」

「そうだよ」

「付き合ってたんじゃないの？」

「なんでだよ」

「そう言ってたから」

「上田が？」

「そう」

「お前、だまされてるよ」

山名孝彦の首は、このやりとりの間に、さらに五回転していた。だんだん息苦しくなってきていたが、それはこんな訳のわからない会話を聞かされたせいだと考えた。川柳に集中しよう。ふっと笑える日常を表現するべく頭をひねるんだ。

「なんでそんな嘘……」

「上田のことちょっとでも知ってたらそんな話、信じねえよ。あいつのやばい噂も知らないって、どんだけ閉じた学校生活送ってんだよ」

山名孝彦にもそのやばい噂は届いていなかったので、ここは振り返ることなく聞き耳を立てていた。しかしいやいや、そんなことより川柳を考えなくてはなるまいと首を振った拍子に、また一回転が加えられた。

「だって」なんだか甘えたような声になった。「そんなの興味ないし、相談されたから、なんか力になりたくて」

「椎橋らしいよ」

「どういう意味よ」

「椎橋がガラスに突っ込んでたら、見物に行ってたかもな」

「それも、どういう意味」

「血の気が多そうだから、見応えありそうじゃん」

「ひど」短い言葉は笑いへ向かいそうな明るさがあった。

山名孝彦にだってそれはわかった。そもそもがそんな相談を受けて承諾する椎橋渚もおかしいと思うし、全てが滅茶苦茶だが、それより何より、どうしてそんな話になるのかはわからないが今、たった今、何やら甘酸っぱい雰囲気になりつつあるのはわかった。わかったから、首はそれだけで三十回転していた。累計三十八回転。これぐらいになるともう全体が細長くなって、頭はだいぶ上の方にあった。川柳が、川柳が遠い。下が見づらい。目もかすんでいる。これは自分の集中力のせいだと、山名孝彦はますます自分を恥じた。でも、ここで頑張らないでどうする。惑わされるな！　打ち勝て！　ワッチコン、ワッチコンコンコン……もう息もできない中、震える手で、死に物狂いでしたためる、ワッチコン、ワッチコン……川柳一発。

そこに南進也の声。

「俺、椎橋のこと、好きだ」

「は？」今度はたったの一文字に、まんざらでもない好意がほとばしっていた。

「付き合ってくれ」

人間、首が百八回転してはもうおしまいである。だから、山名孝彦はもうおしまいである。派手に回りながらせり上がった頭部が天井に当たりそうになったが、回転が止まると、首はもうきれいな形を保っていられなかった。真ん中から折り畳まれるようにねじれ、頭はちょうど元のあたりに、少し傾いて戻った。そこから斜め上に、何重にもねじれた首の肉塊が張り詰めて突き出し、つやつやしていた。

真剣に見つめ合っている南進也と椎橋渚は、そんなことには気付かない。

山名孝彦は音もなく立ち上がると、何かに導かれるように窓の方に向かい、一つを静かに開け放した。手近な椅子、そして机に足をかけ、落下防止の手すりを跨ぐようにして、飛び降りた。地面に頭を打った拍子に、首が百八回転分も暴れ戻ったせいで、学校中の者がアスファルトが突き固められている工事現場のような音を聞いた。

凹凸がないほど顔面を削り取られていた山名孝彦の死は、自殺ではなく変死扱いとなった。机に広げられたノートには、「お正月」とだけ書かれていた。

水戸ひとりの記

二〇一九年の六月の終わりに茨城県を旅した。旅といっても、水戸のビジネスホテルに連泊してそこを拠点に電車やバスに乗りつつ方々を歩き回るだけのことだし、もう何度も行っているけれど、後になって小説に関わるものが多く、よく思い出すのがその時の旅である。阿字ヶ浦や日立まで足をのばしたが、記憶に残っているのは水戸を歩いた三日目だ。

二泊目の夜、洗濯をしようとコインランドリーに向かった。何階だったかはさすがに忘れたが、二つの階にあった。テキトーに、自分の階を五階、コインランドリーを七階と十一階にしておく。すぐ上の階でいいかと思って待っていたエレベーターには、女子大生だろうか、二十歳そこそこの二人組の子たちが乗っていた。一人はスウェットにTシャツという恰好で、もう一人は部屋にあるガウンを着て、髪も濡れている。風呂上がりなのだろうからあまり見ないようにしながら、壁にもたれているTシャツの子の前の階数ボタンを見ると、七階が押されてある。一緒に下りるのも気まずいので、手を伸ばして十一階のボタンを押すと、間髪入れずに音声が流れた。

「その階には、止まりません」

そのホテルのエレベーターは、カードキーをかざさないとボタンを押せないのだった。

「あー」そうだったなとちょっと照れつつ納得の声が出た。

カードリーダーはTシャツの子の、肩にかけた帆布のトートバッグの陰にあって、彼女は自分と似たような「あー」という声を出して身を離し、隠れていたカードリーダーに自分のスマートフォンをつけた。ケースにカードキーが挟んであるらしい。

「どうぞっ」

短く切るように言われてすかさず十一階のボタンを押す。礼を述べたら笑顔で親指を立てるような気さくな子だったので、親指を立てて返したら、ガウンの子が後ろで「うける」と笑った。

二人は頭を下げながら七階で先に降りて行った。

十一階のコインランドリーで洗濯乾燥機を回して戻る時、エレベーターが七階で止まった。そこにいたのはさっきの二人で、我々は笑い合った。トートバッグがふくらんでいたから、向こうは七階にもあるコインランドリーから洗濯物を引き上げてきたところなのだろう。

これは忘れていたのか、さっきの件があってのことなのかわからないのだけれど、Tシャツの子が、カードをかざすことなくボタンを押した。

「その階には、止まりません」

今度はこちらがカードをかざし、我々は立場を交換して、さっきと同じことをくり返した。向こうが親指を立ててそれが終わると、ガウンの子の笑い声が後ろから聞こえた。

「やってもらっちった」と後ろに下がったTシャツの子が言った。

「うける」の声はさっきより息の混じった迫真で、愉快な気分になった。

二人の部屋はこちらよりも下の階だから、自分が先に着く。エレベーターが減速してボタンの前から扉の前に出ると、後ろから二人の声が聞こえた。

「おやすみなさーい」

十年も塾講師をしていたせいか、教え子のことを思い出す。こちらもおやすみを言って、エレベーターの内と外で手を振り合って部屋に帰った。

翌朝、朝食のレストランを出たところで声をかけられた。二人は朝食をこれから食べるところだったけれど、「べつに、べつに」と言うのでロビーで小一時間話した。二人のことが色々わかってもここに書けないのはもはや許可をとることもできないからだ。「偕楽園らへん」に一緒に行きませんかと誘われたが、仕事で行くところがあるからと断った。

「仕事ってなんですか？」

少し迷って「ちょっと書いたりする仕事」と言った。

行くところというのは、住宅地にある展望台とか、天狗党の乱で処刑された水戸の志士たちの墓とか、万葉歌人のゆかりの地とかである。説明したら意外と食い付いたかも知れないが、自分の取材はあちこちで数十分ほど座って風景を書いたりするようなもので、それに付き合わせるのも悪いし、それができないのもこちらが困るから仕方ない。

一人旅をしていると、こんな出会いはそれほど珍しいことではない。旅の中で長い道連れを何度も断ってきたが、理由はみんな同じだ。話の弾みそうな女の子たちだろうと当地のガイドをしてくれそうなおじさんだろうと、一人で書いたり考えたりすることを思うと気が引ける。とはいえ、そんな提案をしてくれるというのは並大抵のことではなく、多少の好意や信頼がなければできないに決まっているのはわかるから、残念そうな顔を見るのは心が痛む。

一人、ホテルを出て那珂《なか》川へ歩く。弘道館公園を通ろうと思ったら工事中で入れず、ただ遠回りしただけになったが、どうせならと水戸市水道低区配水塔を見に行った。このあたりは以前にも来たことがあり、配水塔の隣にある三の丸緑地で松浦理英子の『最愛の子ども』の単行本を読んでいたのを思い出す。那珂川の右岸には低い崖がずっと続いており、地図上では下りられるところはないが、知っているから微妙なところで右に入る。民家のフェンスの陰に崖下に下りる道があり、小澤の滝という名の湧き水の池とつながっている。その小さな池の畔《ほとり》のベンチで、透き通った水に泳ぐ大小の真鯉を見ながら、やっぱり『最愛の子ども』を読んでいた。その時とは違い、畔のキチジョウソウはいささか乱暴に高さを揃えられていたが、切り詰められたのを追い越した新しい葉の先が、涼しい風に揺れていた。

崖下で建物はだいぶまばらになる。そのまま突き当たった那珂川を遡るように堤防の天端《てんば》道を歩く。右手の広い河川敷には木々が茂って川は見えない。左手には、家並みの向こうにさっきの崖が緑に覆われてずっと続いている。堤防と崖とが一番近づいたところで土手を下り、またそこにもある湧き水で草木をいじってきた手を濯《すす》いで、七曲坂を上る。住宅地の間を縫って崖沿いを行くと、駐車場の入口に、「展望台」の案内があった。

矢印の示す道の先には民家しかなさそうだが、それもそのはずで、地図にある「五角堂展望台」は、那珂川を望む台地の縁に、個人が定年退職後に日曜大工で作り上げた休憩所だという。そばには木材を組んだテニスの審判席のような見晴らし台もあり、ともに誰でも利用できるよう解放されている。人の家の庭に入る背徳感を抱きつつ「五角堂」という看板に導かれて進むと、奥に小屋があった。小階段を上ったところの黄色いドアには「ご自由にお入り下さい」とある。

外気と隔たった数畳ほどのスペースには、一人掛けのソファや椅子にテーブル、本棚まであり、大きなガラス窓からは那珂川が見下ろせる。本は、梅原猛や瀬戸内寂聴や綾小路きみまろなど。舞の海もテレビ番組で来たことがあるらしく、写真が貼ってあった。

ソファに身を預け、窓際に置かれた双眼鏡で川の方を見たりしながら、なんとなく退屈な気分になって出た。ホテルで会った女の子たちと来ていたら、もっとゆっくりお喋りしていったかも知れないと思ったりした。以来、どうすれば誰かと旅路を共にできるだろうかと考えることがあり、それはきっと『旅する練習』という小説につながっている。

住宅街の雑木林から保和苑《ほわえん》に入る。二十三夜尊桂岸寺に隣接した庭園で、たくさん植わったアジサイは花の盛りをだいぶ過ぎながら、色を残している。広場では猿回しをやっていて、子供たちと母親たちとしばらく面白く見た。いつもいるからもう見飽きているという男の子が話しかけてきて仲良くなり、猿回しから離れてウォーターガンを撃たせてもらったが、ポンプを動かしても三メートルしか飛ばない。おかしいと思っていたら、その子のお母さんが近寄ってきて「それ、壊れてるんです」と恥ずかしそうな笑いを手で隠しつつ教えてくれた。男の子は鳩が豆鉄砲を喰らったような顔で「いつから？」と訊く。お母さんは言いにくそうに、でもちょっと笑いながら「だから、飛ばなくなった時から」と教えていて、だましだましやってきたのに悪いことをした。「買います」と自分の方に笑うお母さんに「すいません」と返して、少年に「ま、とりあえずよかったなぁ」と言った。事態がのみこめないらしく、狐につままれたような顔で自分を見上げていた。

別れを告げて、これも隣接している回天神社へ向かう。幕末の動乱で殉じた水戸藩士を祀っており、それを挟むように志士のたちの小さな墓標がずらりと並んでいる。そばに建っている鰊倉《にしんぐら》は回天館という名がつけられ、特に天狗党の乱についての資料館となっている。尊王攘夷のために挙兵した天狗党を中心とする者たちは追い込まれた敦賀で投降するが、各地を荒らして金を強《ゆ》請《す》り殺人も犯した彼らに対して幕府の処罰は厳しかった。手枷足枷をはめられてほとんど裸で鰊倉に閉じ込められ、一日に与えられるのは握り飯と湯水一杯のみ、ぎゅうぎゅう詰めの暗い密閉空間に腐敗した魚と用便桶の臭いが充満する劣悪な環境下で二十名ほどが死亡した。しかし倉を出たところで、八百名ほどの約半数に待っているのは斬首刑なのだった。この鰊倉の一つが、福井から二度の移築を経てここ水戸にあるということらしく、壁には生々しい絶筆も残っている。

以来、自分は旅先に天狗党の足跡があれば、なんとなく訪れるようになる。それら記憶は二年後、栃木の皆川城址のベンチに集めて組み上げられ、「皆のあらばしり」という小説の板壁となった。

両さん像とツバメたち

亀有駅前には両津勘吉像が何体もあり、商店街をちょっと行くと少年時代の像や麗子像まであって変な気持ちになることはこの町の人だけの秘密になっています。本田像って、と思っています。そのうち、両津たちでロータリーが埋め尽くされるのではないかと心配しています。

一羽のツバメが、そのうちの一体、正式名称「両津勘吉像」の頭の上にのり、マレー半島で越冬するための長旅に備え、自慢の羽を調えておりました。ツバメたちには、毎年両さんの頭の上で海を越える準備をすると次の年かなりいいケツ（尾羽）をしたメスとやれるというジンクスがあるのです。ゴキゲンです。

「とんがり帽子の取水塔から～♪」と、そこだけしきりに歌っておりますと、ツバメは、両さんが涙を流していることにはたと気付きました。銅像が涙を流すなんて、吉川晃司が無人島にいるなんて、一体どうしたことでしょう。

「どうしたの、両さん。涙を流して、いったいどうしたの」

　ツバメは周りを小さく飛び回りながら尋ねました。両さんは何も言わず、相変わらずのガニ股で誰かに挨拶をしたまま微動だにしません。そして微妙に似ていません。

「両さん、答えてよ。黙っていてはわからないよ。僕らに何かできることがあったら、言っておくれよ。困った時は、お互い様じゃないか」

　それでも両さんは頑なに口を閉ざしています。涙はどうどうどうと流れています。

「そうよ、両ちゃん！　私たちに話してみて！」

　突然、股の下にいた別のツバメがさえずりました。あらゆる両さんの像はちょっとした鳥の待ち合わせスポットになっており、今日も糞まみれでした。二羽で両ちゃん両ちゃんと、最初両さんと呼んでいた方も麗子目線で呼ぶようになってピーチクパーチクやっていると、その声を聞きつけた常磐線沿線三千のツバメたちが日ごろの感謝をこめて、両ちゃんの相談にのろうと、両ちゃん両ちゃんと麗子目線で一斉に西の空から集まってきました。両津勘吉像の頭上だけ真っ暗になったかと思うと、けたたましい音をたてて救急車が通り、ツバメたちは一斉に森の方へ飛んでいきましたが、芋虫をくわえてすぐに戻って来ました。

「両ちゃんに涙は似合わないよ、いったいどうしたっていうんだい」

「両ちゃんが泣いていると、私たちだって、さびしいわ」

「ツバメの世界には、高巣の糞はよく飛び散る、という言葉があるよ。元気を出して」

「人のために流す涙はとてもキレイで、決して恥じることはないわ。それは、両ちゃんが気付かせてくれたことよ」

「僕らが日ごろ、両ちゃんのことをなんと呼んでいるか知っているの。太陽みたいな人、って、そう言っているんだよ。親戚中、みんな言っているよ。こないだなんか、スズメの子も言ってたよ」

「人間の小学生も、大人にそう言っていたよ」

「両津は、我々の太陽神《サン・ゴッド》なんだ」

部長目線のツバメはこれまでに三羽しか見つかっていない非常に珍しいものです。

「さびしいんだろ、両ちゃん。駅前で、二十四時間立ちっぱなしで、さびしかったんだろ」

「未明は一人きりよね、両ちゃん」

「はるか宇都宮でも、さびしい餃子像が運んでるとき半分に折れたというよ」

「この街の麗子像は夜中に根元から折られたよ。細いから折りやすいよ」

「麗子像はともかく、本田像って」

「両ちゃんがそんな目にあったら、俺たち、悔やんでも悔やみきれないよ」

「僕はね、両ちゃんがこんな駅前で満足するような男じゃあないと、連載初期から思っていたよ」

「両ちゃん、脱出しよう。亀有を。大好きなこの町を」

「そうだわ！　私たちと一緒にマレー半島へ行きましょうよ。ね、両ちゃん⁉」

「そうよ、そうよ、そうしましょうよ。昔そんなオチがあったじゃない！」

「そんなオチばっかりだったじゃない！」

「決まりですよ、先輩！」

ついに登場してしまった中川目線のツバメの一言で、両津勘吉像の涙がぴたりと止まりました。晴れやかな顔に、にっこり眉毛が虹をかけ、今にも神輿の上に飛び乗って、下町の人情が日本を元気にするというナレーションが入りそうです。そして、喜びにわいた三千羽のツバメが、空高く舞い上がりました。

その日から、ツバメたちはさっそく、両津勘吉像の足元をクチバシで突いて削り始めました。とは言え、あんまり頑張るとYouTubeに投稿されてしまいます。数羽ずつの交代制で、裏側から、裏側から、攻めました。この時ほど三千羽いる必要がないことはなかったと言います。

二〇〇一年十月某日から始まったこの作業ですが、連載が終わって二〇二〇年八月二十六日現在、ほとんど進んでおりません。銅でできた両さんはあきれるほど硬い上に、冬は割と暖かいところでのんびり暮らすツバメたちのバイオリズムのせいと、自治体の愛ある補修のおかげです。

それでも、毎年春から秋にかけて毎日毎日、ツバメが両さんの足を突っつきまわしています。

両さんが亀有の地から解き放たれた時の予定はすでに決まっていて、内ももには「大安」「風船」「横田空域」「名古屋トイレ休憩」「丸井ヤング館」「ど根性」など小さな小さなツバメの字で、いつかの夢の欠片がしたためられております。

鎌とドライバー

七年物のドラム式洗濯乾燥機は、外見はまだ白くきれいなものだけれど、水がちょろちょろ漏れるようにしか出ず、洗濯槽にたまらない。たまらないから洗濯が始まらず、エラーを知らせるブザー音が鳴り響く。

「なんか、給水弁？」給水の元栓を締めると、屈んで手を伸ばし「の」と力を込めてコンセントを引き抜いた。「故障らしいんだけど」

——ふーん。

洗面台に置いたスマートフォンから声がする。コンセントを放り置くと、壁を引っかきながら狭いスペースにへたった。

——やってる、やってる。

「調べたら、修理頼むと二、三万かかるらしくて」

――あー。自分でやったら何千円で済みます、みたいな？

「そう、部品代の四千円だけ」

――でかい。

「でかいのよ」

――それで応援してって？

「そう」と言って給水栓に手をかける。「結構かかるけど」

――別にかまわんけど、暇だし。

開きかけたところで、水が「うわ」染み出してこぼれた。「やばいやばい」

――がんばれ、がんばれ、マ・リ・コ。

ここぞとばかりの棒読み応援の中、上にある備え付けの棚から二番目に古いタオルを瞬時に選び出して、ホースの先をくるむようにあてる。傾けると、たまった水が吐き出されてみるみるうちにタオルが色を変え、手に冷たく届いた。

――今、どういう状態？

「給水ホース外したらめっちゃ濡れた最悪の状態」

――つーかそれ、鞠子がやる必要なくない？　円山くんに頼んだらいいじゃん。

「先週からいない」

——おお？

「別れました」

——えー、出たよ、事後報告。すーぐ事後報告すんだから。

「すぐ事後報告って、矛盾してない？」

——しかも、ひさびさド級のやつだな。

「さっぱりしたもんですよ」

——家は？　一人で住んでんの？　広くない？

「広いよ、サイコー。鎌、住む？　一部屋空いてるし」

——職場遠いし、電車上りになるからムリ。え、つーか何年？　同棲して。

「ちょうど七年過ぎたとこ。洗濯機の七年保証が切れたから」

——保証切れて、同棲解消したら壊れたってこと？

「うけるよね」

——うけないけど。洗濯機はうけたのかもね。

「どゆこと？」

——うけて、壊れたんじゃない。

「はー？」笑い混じりに濡れたタオルを洗面台に放る。「で、これ、どうすりゃいいんだ？」

——外さなきゃいけないでしょ、カバーみたいの。中、見えるようにして。ていうか調べてから始めろよ。

「いや、この前、調べた」と言いながら、洗濯機の上面にあるネジ穴に目をやる。「ドライバーだけでいけるって確証を得たのよ」

——ドライバーある？

「あるある。取ってくるわ」

——準備わるいなー。

洗面所を出て、廊下のクローゼットを開ける。上の段に置いていたから、リビングから椅子を持って来て覗くと、工具入れがあったはずのスペースがぽっかりと空いている。表情変えずにしばらくそれを見つめたあと、洗面所に戻った。物音を聞きつけて、声がかかる。

——あった？

「持ってかれてる。ドライバーっていうか、工具入れ一式」

——うわ。もともと向こうの？

「二人で揃えてった感じだけど、まあ、わたし触ったことなかったし、向こうからしたら自分のもんって認識じゃないの」

——うわうわ、引いちゃう。

「洗濯機とかソファとかキッチン用品とか、ほかの共用物は全部置いてってるから、文句も言えないか」

——いや、そんなのは置いていきたくて置いてってんだからさ。工具箱は自分が必要だから黙って持ってってんのよ？　てめえがいなくなった後のことより、自分のことだけ考えてんの。そんで、円山は今どうしてんの？

「いきなり呼び捨てになった」

——出て行く時にこっそり工具持ち去る男にはな。で、今、どうしてんの？

「新しい女の家」

——ほら出た。弁解の余地なし。そこでドライバー使うんだよ。新しい女と、新しく買った棚とか組み立てて。

「最初はただ別れようとか言われたんだけどさ」洗面台に手をついて、洗濯機を眺める。「問い詰めたらそういうことで」

——はー？

「つうかこれ、ドライバー買いに行かなきゃダメってこと？」

——いっそ買い換えたら？　洗濯機。

「そんなお金ないし、なんか付け替えるごっつい部品買っちゃった」

——それ、もしやめっちゃくちゃめんどくさいやつじゃない？

「だからそうだって言ってんでしょ」

——動かせんの？　洗濯機。

「うち、防水パンなくてキャスター付きのだから、それは楽」

——あー、ずっと前に行った時、なんかそんなこと言ってたな。自慢げに。

「自慢はしてない」しゃがみこんでキャスターのストッパーを外し、また立ち上がる。「あーあ」

と呻いて頭を掻く。「着替えて行くかぁ」

——ドライバーってどこで売ってる？

「百円ショップにあるよね？」

——すぐじゃん、いってらっしゃーい。

「マスクしてるし化粧ナシな」

——いけいけ。

「もう部屋着でいい？　や、下ぐらいまともなのにするか……」

——もうどうにでもなれよ。

「じゃあ、帰ったらまた呼んでいい？」

——いいよ。ていうか、そのまま通話にしといてよ。別にスマホ持ってかなくていいっしょ？

「なんで？」

――なんとなく。見張っといてやるから。誰もいない家の空気、聞いてるのっておもしろいじゃん。

「はー？」

――おかえりって言ってやるからよ。

鼻で笑った自分の声を聞いてちょっと黙る。鏡に映る自分を見つめた後で「充電器もってくる」と言って洗面所を出る。枕元から持ってきた充電器をセットして、リビングの椅子にかかっていたデニムに穿《は》き替えて「じゃあ、いってきまーす」と声をかけた。

――いってらっしゃーい。


三十分後に帰ってきて、家の中に鳴り響いているアラームの音を聞いた。足早に寝室へと向かい、目覚まし時計を止める。

「ごめん、ごめん」と言いながら洗面所に入る。

――なんか鳴ってんぞー、ずーっと。

「休みだし、昼に起きようと思ってセットしてたの忘れてた」

――ちょっと、うとうとしてたのに起こされたわ。

「うるさかった？」

――ぼんやり遠くで鳴ってる感じ。ドライバー買えた？

「けっこーしっかりしたやつにしたんだけど、大丈夫かな」

――いいんじゃない、ちゃんと回せた方がいいよ。百円だった？

「うん」

――百均すげー。他になんか買った？　お菓子とか。

「あんま食欲ないから」

――食べなきゃダメだって。もともと痩せてんだし。あの、栄養入ったゼリーとかは？

「つーかさー」

――うん？

「おかえりって、ぜんぜん言わねえな」

洗面台の上、ほんの一ヶ月前にこういう些細なところからＱＯＬがどうとか言って二人で高いのを選んで買ったハンドソープの前、〈鎌〉と表示されたスマートフォンから響く笑い声は、たくさんのシャボン玉が吹き上がるような明るさで洗面所を埋め尽くす気がした。

――ごめんごめん、おかえり、おかえり。

「おせー」つられた笑いを引っ込めながら手を洗い、時間をかけてうがいをする。水を吐き出して、それを流してから「ただいま」と言った。

——さっさと作業始めないと日が暮れっちゃうよ。乾燥機だから遅くなってもいいのか。いいなー、うちもドラム式にしたい。

「すればいいじゃん」

——なんかきっかけがいるでしょ、洗濯機レベルになると。ひそかに壊れないかと待ってんだけど。

「まあそうだけど」と言って洗濯機の奥の角に手をかける。「これ、ほんとに動くのかな？」力を込めると、七年分のへこみから上がってくるように前にずれた。「いけた、いけた」と喜んだ目が、隠れていた床と壁に灰色の帯を作っている埃を見つける。「いきなり七年分の埃を見てしまった」

——そんな簡単に動かせるのに、ふだん掃除しないんだ。

「すればよかったかなー」と埃を見下ろしたまま言った。「わたしがズボラすぎたのか？　でもそんなのお互い様だろうが」

——鞠子隊員、作業に集中せよ。

「はいはい」ドライバーを握り、ぎりぎりまで張った排水ホースをまたいで洗濯機の裏に回る。

「排水ホースは外さないでも大丈夫そうです。掃除は後にして、とりあえず分解します」

――了解。いや、あたしだったら絶対ムリ。かゆくなってくる。鞠子、平気だもんね。

「うしろめたさはあるけど」

――うしろめたさ？　あ、現状復帰できるように写真撮っておきなよ。ネジとかも。

「なるほど」思わずスマホに目をやった。「ない発想だった」と感心しながら「そういうのっと手を伸ばしてスマホを取る。「ちゃんとしてるよね、鎌って」

――ちゃんとしたい、何事も。

声のするスマートフォンを操作して何枚も写真を撮る。「とりあえず、八本かな？　それで上が外れるみたいだけど、もしかして裏側も外さないとムリ？　超めんどくさいじゃん」

――調べたんじゃないの？

「なんか、型番がちがうと細かい仕様はちがうらしい」

――とりあえず、上だけ開けてみ。

「だるー」立ったままネジの頭にドライバーをあて、回していく。「こういう手順踏んだ作業系、苦手だわ」

――あたし好き。

「蛙の解剖、鎌めっちゃ上手かったよね」取れたネジを床の隅に置きながら「あんたが切り出してさ」と続け、次のネジへ。「生物の松浦が、これはヒジョーにきれいでうまいとか言って見せて回ったの。カエルの胃からどっかまで全部つながってるやつ」

——胃から直腸ね。あの解剖、結局、ほぼ全部あたしがやったし。人生でいちばん集中したかも。

取れたネジはさっきと同じもので、まとめて置いた。「あのあと鎌、疲れ果てて爆睡してさ」

——昼休みね、お弁当も食べなかった。

「ハッシーがそれ見て「ブラックジャックじゃん」とか言ったんだけど、誰もわかんないからなぜかめっちゃ怒り出してさー」三本目は少し低い位置にあって膝立ちになった。「次の日に全巻持って来て、めちゃくちゃ流行って」

——おもしろかったよね、『ブラック・ジャック』。

「あれ高二？　あのあと鎌、一瞬、医大目指してなかった？」

——うん。

「だよね？」取れたネジはさっきの二倍ほどの長さがあったから、交ざらないよう隣に置いた。

——ほんと一瞬だけどね。バカすぎでムリだった。

「わたしらからしたら鎌は天才の部類だから。ツモティーもなんであなたたちが友達なのかわからないとか言うしさ、ひどくない？」

――ツモティーチャーね。あのおばちゃん、好きだったな。

「わたしも。そんで鎌、高三なったらしれっと私大クラスになってたから」長いのをもう一本抜いて置き、最初の二本と同じ反対側のネジに向かう。「あれってもしかしてさ、ブラックジャックの影響あった？」

――正直、あったね。

冗談っぽく聞こえなくて、黙ってネジを回す。少し間があった。

――あの時、鞠子に相談すればよかったなー。親と先生とだけ話してさ、有無を言わさず諦めろって感じで説得されたの。それが結構きつくて、なんか、折れちゃったんだよね。初めて言うけど。

「そうだったんだ」慣れもあって楽に二本取れ、あとは乾燥フィルターのところをとめているネジだけになった。立ち上がって「後悔してんの？」と訊きながらドライバーをあてる。

――別に医者を目指さなかったことは後悔してないんだけど、鞠子に相談しなかったのは後悔してる。

「なんで？」右手だけで、なんとなく静かに回しながら息をひそめる。

――結局、ちんたらやって青学の理工に引っかかって万々歳みたいな感じで、医学部志望なんて親も先生もよく覚えてないだろうし、あたしもなかったことにしようとしてたのよ。それでわりと楽しくやってたんだけど、なんかあたし、実はさ、今も医療ドラマ見れないんだよね。

「あれ、『コード・ブルー』の話とかしてなかった?」

――だから、それ高二の夏。シーズン1が。あたし、シーズン2から見てないもん。

「そっか」ネジはみんな外れて穴の上に傾いている。それを取りもせず「その頃か」とつぶやいた。

――気付いたとき笑っちゃったんだけど、そっからずーっと医療ドラマ避けてるみたいでさ。大門未知子とかめっちゃ見たいんだけど。

「うん」と、ネジを一つずつ拾ってにぎりこむ。

――なんか、あの時のあたしが、あたしに無視されてるみたいで、それだけはちょっとマジでしんどい時あんのよ。や、今のあたしが、あの時のあたしを無視してんのがしんどいのか?

ネジを床に置いて、他のものよりちょっと短いことに気付いた。四本あるのはこれだけだから、間違えることはないだろう。「知らなかったわ。そんで、なんでわたしに相談しないのが後悔なの」

――だから、鞠子に相談してたらさ、あの時のあたしが今でもぽつんとしてること、なかったと思うんだよね。親とか先生とちがって、鞠子なら覚えといてくれそーじゃん。実際、医大志望のこと覚えてたし。ビビったし。

「確か、帰りの電車で二人になった時、言ったんだよね」

――あー、うん。たしか。

「あの時の鎌」力を込めて洗濯機の上面のカバーを外した。「今の鎌っぽかったかも」

――え？

「ふざけてなかった」と言いながら、カバーを壁際のネジを隠すようにして立てかける。「ちゃんと相談しようとしてたんだと思うよ」

――ほんと？

「わたしが流したんだな、たぶん」

――そっか。

「鎌っていかにも平気な感じで喋るからさ」見下ろすと、配電盤やコードにホース、吊り下げられた洗濯槽が見える。「あの頃のわたしには、ちょっと難易度高かったかも」

――いや、こっちも強がってたろうし。

「ちょっとやそっとじゃ腹見せないじゃん」

声が途切れる。手を突っ込んで洗濯槽を押すと、ゆっくり上下した。

――ま、今の話だけでもちょっと救いだわ。

「だからさ、『ドクターX』見なよ」

——ははは。

ネット通販した給水弁の包みを開けて、洗濯機の中と照らし合わせる。配電盤のそばに同じものが取り付けられているのを見つけた。「わたしも、重ためのこと相談できんのは鎌しかいないからなー」

——鞠子のは相談じゃなくて報告だからな。事後の。

「他の人には報告すらしないから。鎌には最大限の敬意を払ってんの」

——親には？　言った？　結婚、急《せ》かされてたじゃん。

「言ってない」

——めんどくせーぞー。

「ね、ユーウツだわ」

——でもこれで、鞠子って名字も延命したってわけか。

「そうね。夫婦別姓以前の問題だったという」

——よかった、よかった。

「なに、名字変わったって何も変わんないっしょとか言ってたくせに」

——いや、それはそうなんだけどさー。五年ぐらい前はまだそう思ってたのよ、学生気分の延長で。中学とか高校の時ってさ、友達がそれぞれ自分の知らないことで悩んだりとか、あんま上手く想像できなかったって言うか、知らなかったって言うか、そういう感じだったじゃん？

「まあね。さっきのなんかまさにそうだし」

——それがだんだん違う人間なんだってわかるようになって、真紀帆とかあんなに仲良かったのになんでか疎遠になっちゃったり、ロイホで須田ちゃんに中絶したとか言われたら、フツーに喋るけど実際何て言ったらいいかわかんなかったりして、バイバイした後に大会議開いたりするわけだろ、あたしたちは。

「須田ちゃんなー。まだたまーに連絡くるけど」

——学生の時みたいに、毎日会って話してたら別の気持ちにもなったし、もっとうまく声もかけられたかもしれないけど、なんかもう、ちがうんだよね。お互いに知らないことがありすぎるっていうか、薄情になったのかもしんないけど。なんか人生観みたいなもんってさ、あの頃はもっと、みんなで一つのお神輿《みこし》かついでるみたいな感じじゃなかった？

「神輿？」と笑った。「まあ、そういう感じもあるか。あんのか？」

——でも、それはやっぱあたしらが暢気《のんき》なお子様だったからでさー。あの頃の先生たちが今の自分より年下で、あんな態度とかこんな態度とかだった理由とかも考えちゃうようになると、ひとりひとりの人生って違いすぎるし重すぎるし。コースも違うし。町内会も。

「待って」と鼻で笑いながら止めた。「あくまで神輿でいく気？」

——まあ、神輿はいいんだけど、とにかくそれぞれちがうんだってのがわかってくるって話よ。いつの間にか、どうしようもなく、ね？　それって諦めとか淋しさじゃなくって、生きるってそうだよねみたいなことなんだけど、全部そう思うようになっちゃうのもなんかきついっていうかさー。そこまでものわかりよくねーよっていう。何言ってんのコレ、わけわかる？

「なんとなく」

——だから、あたしには鞠子が最後の砦なわけよ。

「わたしだってちがう人間じゃん」

——そうだけど、なんつーかね、あたしのそういう付け焼き刃の人生観なんかじゃ切っても切れない腐れ縁だってのを、信じさせてくれるわけじゃない？　鞠子は。

「神輿で言ってよ」

——えー？

「神輿で」有無を言わさぬ調子で言う。

——あの、ほら、神輿ってさ、小さいやつだと、かつぐための長い棒が四本出てるじゃん。前と後ろに二本ずつ。

「あるある。でかいのだと横にも出てる」

——そうそう。あれをみんなでぎゅうぎゅうにかついでた時は、鞠子がすぐ近くにいたって感じ。同じ棒の前後に並んで。

「はいはい」

——でも、だんだん人が離れてって、神輿も小さくなってってくわけよ。で、今、うちら二人しかいないんだ、この神輿。

「そう」

——で、その神輿のどこ持つかって言ったら、前の棒のどっちかと、後ろの棒の反対側なのよ。お互い顔は見えないけど、かついでんのはわかるなって。

「バランス悪いなー」

——そうなのよ。そりゃ鞠子だってちがう人間でちがう人生があるなんてのは、そんなことわかってんだけど、あんただけはいるじゃん。だからなんか弱気なことにさ、鞠子が結婚して名字変わったりしたら、あと勝手だけどさらに子供なんか生まれたら、この神輿もうかつげない日が増えてくのかなーぐらいには思ってたんだよ。いや、神輿だとは思ってないんだけどね、その時は。神輿のことは今日初めて言ってるから。

「わかってるよ」

——だから今回のこともさー、聞いた瞬間、なんかちょっとほっとしている自分がいたよね。わるいんだけどね。

「いや、光栄よ」

——幸せを願う気持ちとは別に、さ？

「うん」

——光栄って。

「なんか」と言って座り込む。「鎌の喋り聞いてたら眠たくなってきたな」

——つまんなかった？

「いや」と首をゆるく振る。「でも眠い」

——寝ちゃえば？　寝れてないなら。

「まあ」と言ってから変に思った。「そんなこと言ったっけ？」

——昼まで寝るつもりが起きちゃったって、さっき言ってたじゃん。

「そんなこと言ったっけ？」

——わかんないけど。明日休み？

「うん。洗濯機は開いたんだけど」

——それっぽい音、聞こえてたよ。

「取り替えるやつもわかって、たぶんいけるっぽいんだけど」

——ねむねむじゃん声。ベッド行ったら？

「ベッドのせいで寝れないのかも」

——二人で寝てたベッドがやけに広いって？　ひゃー。

「まあ、恥ずいけどあるよね。たぶん」

——七年の習慣だもんなー。

「長すぎたわ」頭も壁につけて目を閉じた。「短いけど」

——なるほどねー。

「あ、寝る」

——そこで？　体いわさない？

「平気」

——じゃあ、寝ちゃえば。

「うん」もう閉じている目だけれど、額にはぼんやりと電灯の明るさを感じる。消す気もないで「一時間ぐらいで起こして」とつぶやいた。「このまま、つないどくから」

——りょ。

「頼りない」

——大丈夫、大丈夫。

「なにが大丈夫なんだよ」

――忘れても、いるから。

眠気が滲んで鈍い頭に声が響いた。

――起きたら声かけてくれりゃ。ていうかそこまで豪快には忘れないし。

「鎌は何してんの？」

――いろいろ。フォームローラーするから呻いたらごめん。マジで痛いからね、フォームローラー。腿の外側とか死ねるよ。でも、その分の効果は正直あり。足痩せの感あり。めっちゃ楽になるし。

「うるさいなあ。寝かせてって」

――なんだよ、それは。

「まあ、なんていうか」

――うん。

「もっと早く、電話すればよかったかな」

ちょっと黙った間で、いつものように微笑んでいるのがわかった。

――おやすみ。

本当は怖い職業体験

「丸山、きょうの放課後、校長室に来い」

壇ノ浦先生からそう言われたオレだったが、校長室の場所がわからず、掃除のおばさんに聞くことになった。おばさんが何も言わずに歩き出したのでついて行くと、図書室を通る最短ルートで校長室に着いた。

ノックして中に入ると、掃除のおばさんもついてきたのでびっくりした。そこに壇ノ浦先生と校長先生と掃除のおばさんがいたのでさらにびっくりした。校長室にもともといた方の掃除のおばさんは出て行き、掃除のおばさんが入れかわったということを確認した後、自分に落ち着けと言った。

重厚感のあるテーブルをはさんで向かい合ったふかふかソファに二対二で腰かけたが、掃除のおばさんは一つだけある一人用ふかふかソファに移動してしまった。オレの真正面に座った壇ノ浦先生は、プリントに目を落としながら、険しい顔つきで言った。

「丸山、こんどの職業体験だけどな」

「はい」

「希望先がタンパベイ・デビルレイズで提出されてるけど、これ、本気か？」

「はい、他にいいのなさそうだったんで」

「でも、お前、野球経験ないだろ？」

「これ、野球なんですか？」

「そうだよ、メジャーリーグのチームだ。知らなかったのか」

「バーじゃなくて？」

「バーじゃない。だいたい中学生だからバーもダメだ。あのな、驚くかもしれないが、デビルレイズに職業体験するって言っても、事務仕事をするとかじゃなくて、アメリカに行って、本当に試合に出るんだ。プリントに書いてただろ。だから、野球経験のないお前にはムリなんだ」

「確かにオレは野球経験ないですけど、みんなもパン屋とか本屋の経験とかないのに選んでるじゃないですか。職業体験ってそういうものなんじゃないですか。それに、もしかしたら向いてるかも。打てるかも」

「打てないよ。パン屋や本屋はともかく、向いてる向いてないじゃないだろ、野球選手は」

「向いてることを証明するために絶対打ってみせます」

「そんな気持ちで打席に立つんじゃない。相手は、お前、メジャーリーガーだからな？　そもそも見たことあんのか？」

「まあ、とんねるずのスポーツの番組とかで、時々？」

「それ引退した選手とかだろ。太っちゃってさ。現役の、しかもお遊びじゃない本気の選手はあんなもんじゃないよお前。もっとでかくて速くてすごい——」

「ホンジャマカの石塚ぐらい……？」

「いや、ぜんぜん、でかさで言ったらそれ以上だよ。だいたいそのとんねるずの番組の選手だってホンジャマカの石塚よりでかくなかったか？　そういう番組、先生も見たことあるけど、相当でかかっただろ？　現役のメジャーリーガーなんて、トップレベルのアスリートで、でかい選手は筋肉のバケモノだからな。ボブ・サップぐらいあるからな」

「ボブ・サップはホンジャマカの石塚より小さいじゃないですか」

「え……？　いや、小さくないだろ……？　たぶん、うん、小さくないよ。ボブ・サップの方が大きいと思う。ていうかぜったい大きいよ。大きい大きい」

「ボブ・サップはリングの四隅におさまってましたし」

「ホンジャマカの石塚だっておさまるだろ？」

「いや、見たことないんで。ボブ・サップはよく見るけど、ホンジャマカの石塚は誰もそういうのを試したことなくて、試さないってことは、テレビ関係者もみんな無理だって思ってて、それでやらないのかも」

「そんなことはないよ、頭おかしいのか？」

「こんなに芸歴長くて、そういうシーン見たことないのって、それこそおかしいですよ」

「それは仕事のタイプにもよるし、お前が見たことないだけで、リングの四隅におさまってたこともあるだろうし。ていうか、実際にそんなこともあったような気がするぞ、赤いグローブはめて。なんなら鮮明に思い浮かんできたな。ていうかお前、そんなこと言ったらメジャーリーガーだってリングのコーナーにいないだろ？」

「だって、メジャーリーガーはバッターボックスにおさまってるじゃないですか」

「いや、だから……！」

「もし本当だったとしたらちょっと逆に見てみたいですけどね。ホンジャマカの石塚より大きい人間なんてのが現実にいるとしたら……」

「ホンジャマカの石塚をなんだと思ってるんだよ。その感覚で言うんだったら、メジャーリーガーはヒグマ……いや、もう思いきってゾウぐらいの感じだからな」

「じゃあ、もう少しでホンジャマカの石塚ぐらいの大きさですね……」

「なんでだよ、石塚は普通にレストランとか入ってるだろ」

「いや、実は、オレ小さい頃にホンジャマカの石塚を生で見たことあるんですけど……ホントにすごかったんですよ。一帯がぜんぶ日陰になって……飛行船かと思いました……」

「もう言いたい放題だな！　あのな、ほんと、客観的に見たら、メジャーリーガーと比べたらホンジャマカの石塚なんて、ほんと全然、比べものになんないんだからな。百歩譲って大きさが一緒ぐらいだとしても、スポーツで鍛えた体だから、質もぜんぜんちがうし」

「うーん、でもホンジャマカの石塚は日本のプロ野球選手とかにもエアホッケーでけっこう勝ってたし、日本の選手もメジャーリーグでけっこう通用してますよね？　じゃあ、日本のプロ野球選手と互角以上に渡り合ってたホンジャマカ石塚は少なくともメジャーレベルにはあると言えるんじゃないですかね」

「言えないよ！　そしたら、恵の方はメジャートップレベルってことになっちゃうだろ！」

「恵のガタイで通用します……？」

「するよ、エアホッケーだったら！　うるせえな！　石塚も通用するけど、そもそもやるのはエアホッケーじゃなくて野球なんだよ！　だから両方とも通用しないんだよ！　なんだこの話！」

「でもホンジャマカの石塚は横浜ファンで野球好きだし、恵より可能性は高いかも……」

「わかったわかった！　わかったよ丸山。どうしてもホンジャマカの石塚をメジャーリーガーにしたいらしいが、もうそれでいい。ただ落ち着いて考えてみろ。もし職業体験に行くことになったら、ホンジャマカの石塚みたいな奴がゴロゴロいる中で野球をすることになるんだぞ。そんな過酷なことがお前にできるのか」

「オレのホンジャマカ石塚への執着を逆手《さかて》にとってきましたね」

「うるさい！　絶対お前にはデビルレイズの職業体験に行かせないからな！　どうせパスポートも持ってないだろ！」

「おあいにく様ですが、オレは先生の必死さを見て、逆にメジャーの世界を職業体験してみたいという気持ちがふつふつと沸いてきてますよ。これこそ職業体験の醍醐味じゃないですか。誰もオレをとめられません。パスポートつくります。どこに行けばつくれるんですかね……？　かわいい生徒のために教えてくださいよ、先生。住民票とかいるんですか？」

「ぐぐぐ……」

「もう一つ質問なんですが、なんでそんなにオレがデビルレイズに職業体験に行くのを邪魔しようとするんです？　だいたい、メジャーリーグ球団が職業体験の候補に入っているかも意味がわからないし、これには何か裏があるとしか思えないですよ」

壇ノ浦先生は、校長先生をチラリと見た。校長先生はコクリとうなずいただけで、いまだに一言も喋らない。行事の挨拶でも喋ったことがなく、誰も、一度も声を聞いたことがない。掃除のおばさんも黙っていた。こちらも声を聞いたことがない。でもそれはわかる。掃除のおばさんだから。

「わかった、丸山くん」と壇ノ浦先生は神妙な顔つきで言った。「率直に言おう。君、いくらほしい……？」

「五百円」

「いや待て待て、ビックリした。即答するんじゃない。今欲しいと思ってる漠然とした金額みたいな、そういうことじゃないんだ。ごめんごめん」

「ん？」

「いくらお金を出したら、職業体験の希望を変えてくれるかということを言いたいんだ」

「つまり……？」

「もう全部言ったようなもんだが、君はホンジャマカの石塚の話以外ではまったく頭が回らないのか……？　仕方ないから、一から細かく説明しよう」

「ホンジャマカの石塚に何かあったんですか……？」

「ちがうちがう。無事だ、不安な表情を浮かべるな。ともかく、君の同級生の石塚くんが、メジャーリーグを含めたプロのスカウトからも注目を浴びるほどの存在なのは、知っているね……？」

「ややこしいですけど、はい」

「そこはわかってくれるのか。ややこしいな」

「わかります。ややこしいですか？」

「いや、すまない。続けよう。で、石塚くんの獲得に特に熱心なのがヤンキースの恵スカウトなんだが、そこへ、同じリーグの同じ東地区で敵対するデビルレイズの三村スカウトが話を我が校に持ちかけてきたんだよ」

「更なるややこしさを覚悟したところで、逆にグッとわかりやすくなりましたね」

「三村スカウトのデビルレイズとしては、石塚くんとのパイプをできるだけ太くしておきたかったんだ。志望チームを決めるのは、特に日本の高校生の場合、親御さんも含めた義理人情が大きく影響するものだからね。しかし、過剰な接触をすることは禁じられている。そこで目を付けたのが職業体験のシステムだ。『そんないいのあったのかよ！』と三村スカウトは言った」

「学校の職業体験にそんな黒い陰謀が隠されていたとは……！」

「そう、職業体験の名目でチームに合流させ、デビルレイズに所属していたという既成事実をつくれば、事はかなり有利に運ぶ。しかも、なぜそんなことが可能になるのかはわからないが、仕事を体験させなければいけないので、教育の一環としておおっぴらにメジャーの打席に立たせることができる抜け道があることもわかった。その舞台を味わえば、石塚くんも心を決めるにちがいないというわけだ」

「な、なんてこった……アメリカ人の大人、汚すぎる！」

「しかしまあ、金にものをいわせれば何でもできると思っているヤンキースのような球団にはできない芸当だよ。石塚くんを職業体験に行かせることができれば、デビルレイズは我が校に一億円払ってくれることになっている」

「い、一億！」

「驚いたかね。メジャー球団にとっては、将来のスターを獲得できるならこんなもの、はした金だよ。もちろん、我が校にとってはそうではないがね。しかし、ここで問題がおこった」

「この一分の隙もない完璧な計画に何か問題が……？」

「石塚くんが、職業体験の場所に、商店街の本屋さんを志望してきた」

「あのトンチキ野郎、人の気も知らないで！　野球だけやってりゃいいっつうのに！」

「あわてたデビルレイズ陣営が総出で嗅ぎまわったところ、どうやら気になる女の子と話すきっかけをつかみたいからという理由らしい。その子の志望も本屋さんなんだ」

「ハッ、じゃあ最近、全クラスに一人ずつ、スピードガン持って半袖のポロシャツ着てサングラスかけた座り方がだらしない大人びた留学生が転校してきたのって……？」

「そう、石塚くんの動向をさぐるためだ。せっかくみんなと仲よくなれたのに、彼らが『ジェネレーション・ギャップがすごいから』という理由で一斉に不登校になってＬＩＮＥも退会したのは、もう真相がわかったからだ。むろん、実際にジェネレーション・ギャップはすごかったと聞いている」

「アメリカ人の大人、汚すぎる！　おれたちはどこまで大人の手のひらの上で踊らされているんだ……！」

「正直言って、君たちがどうがんばろうと、汗をかかない部分まで全部いっぱいいっぱいに使って、大人の手のひらの上なんだ」

「そんなの、ほとんど手の甲側じゃないですか」

「そうだ、君たちは手の甲側の毛が生えてる部分のすれすれまで大人の手の、いや、細かいことはいい。問題は、蓋を開けてみれば、結果的にデビルレイズ行きを志望したのが、野球にも金にも何の関係もない君だけだったということだ。頼む、黙って考え直してくれないか。金ならいくらでも積もう」

　オレは実のところ、大人のド汚い話を聞いただけで疲労困憊となっていた。いつの間にかソファに深くしずみこみ、顔だけ出している状態になっていたのだ。とはいえ、そこにいる全員が、こちらはおそらくある種のやましさから、同じ状態になっていた。その状態で話し合いは佳境に入っていく。

「何万円ほしいか言ってみたまえ」

「うう、先生め、うう」

オレは見透かされていた。一億のうちの何万円かぽっちで生活が激変してしまう子供であるということを。そうだ、オレは正直、八万ぐらいほしい。それであとで追加で時々二万くれたら、心の底から感謝してしまうだろう。酒も飲まないのに高額のおつまみを買うようになり、そればっか食べているだろう。

「一晩だけ、考えさせてください」

なんとかそう言うと、オレは今までの人生の全ケンタッキーフライドチキンから得てきたカロリーを脳の前方に上昇デジタル表示させ、何だってできそうな感じを脳に刷りこむことで湧いてきた力を、ソファから出るためにつぎこんだ。からだの節々が痛い。ユンケルが飲みたい。八万もらえるし、いいじゃないの。校長室を出るところで振り向き、まだソファに埋まっている先生へ言った。

「ホンジャマカの石塚の話、ほんとムダでしたね、すみませんでした」

「いや、なかなか楽しかったよ。それから今後、君がもっと注意深く人生を歩めるように一つだけ教えておこう。ホンジャマカの恵も同じくらい野球好きだ」

ホンジャマカの石塚の話をしていた時、オレは先生をきりきり舞いさせていると思って調子に乗っていた。でも、本当はぜんぜん違っていた。オレは先生の手の甲のはじっこに生えている毛の目の前でおどっているピエロだった。大人は汚い。でも、ぴかぴか光っておめでたいより、汚い方がずっとましだ。オレは家に帰ると、少し『バカの壁』を読んで、この世のぬかるみの中で泥のように眠った。

翌日、ずっと潜入捜査をしていた掃除のおばさんが週刊誌に全てリークして、壇ノ浦先生と校長先生とデビルレイズに捜査が入った。

報道陣がどこか嬉しそうに詰めかけて、学校中を取り囲み、下校する生徒に片っ端から話しかける。学校からのお達しを守って足早に立ち去る生徒たちの中で、オレは素直にカメラの前で立ち止まった。大人たちが、汚い笑顔でめちゃくちゃ寄ってきた。

「なんていうか、まさか自分の学校でこんなことが起こるなんて、すごくびっくりしたし、こわいです。アメリカの大人、汚すぎる！」

大声でわめきながら、下駄箱に入っていた五百円玉を力一杯握りしめていた。取材が終わる頃には手のひらにめりこみ、数字の刻印だけがうっすらと浮き出ていた。もう二度と取り出せないということが、オレにははっきりとわかった。

This Time Tomorrow

英国のキンクスという老舗バンドに「This Time Tomorrow」という曲がある。機上から長いツアーの移動を憂う歌だ。ウェス・アンダーソンの映画『ダージリン急行』では、オープニングの列車に飛び乗るシーンでこの曲がかかるのだが、気怠そうに「明日の今頃、僕らはどこにいるだろう」と歌われると、脳裏に二つばかりの思い出が映りこんでくる。

十代でそういう音楽ばかり聴いていたので、本当に趣味の合う友人はいなかった。中学から六年通った芝浦工大柏中高は駅から遠く、柏駅からスクールバスに乗る。毎日同じＭＤが挿さったプレイヤーからのびるイヤホンを耳に突っ込んで、今もまぶたの裏に蘇るルートを二十分ほど揺られて通学した。

中学は一期生で先輩はおらず、がらんどうだった別の階が、年を追うごとに埋まっていくような感じで、所属していたサッカー部も弱かった。今も続けているブログを更新するために高校では帰宅部を選んだから、上下関係というものにまったく関わらないまま生きてきたことになる。学校にいる間は楽しかったが、それでもやっぱり一人でいたいという気分が六年間を覆っていたような気がする。

高校に上がった三年間は、ブログの更新ばかりしていたこともあって、とにかく早く帰った。しかし、帰宅部として一刻も早く家に帰ろうとバス停に向かえばそこは一貫校の悲しさ、終業時間の早い沢山の中学生でごった返しており、一本か二本のバスを見過ごし、高校生も混ざったバスに乗ることになる。友人と一緒にそれで帰る日もあったけれど、どうしても帰りが遅くなるから、自転車通学をしようと決めた。とはいえ、遠方に住む生徒の自転車通学は校則で禁止されている。そこで、親に内緒で中古の自転車を一台購入し、一つ手前の南柏駅の路地裏に置いておき、学校の隣にある増尾城址総合公園と往復することにした。

もちろん鍵はかけておいたが、あっという間に盗まれた。今はどうか知らないが、あの頃の後輪に備え付けられた鍵は爪やすりでいとも簡単に解錠できて、学校でも問題になっていた。朝、あるはずの自転車がない路地裏で立ち尽くしていると、一台の自転車がやって来て隣に停まった。若いスーツのサラリーマンの自転車には見覚えがあった。いつも近くに、同じように路上駐輪している赤いスポーツタイプの、年季の入った自転車。「チャリ、盗まれた？」という言葉からすると、向こうも路駐仲間と認識していたのだろう。声は優しかったが、その親切心は度を超していた。なぜなら、ものの数分後、自分はその自転車で学校に向かっていたから。そして、その後も数え切れないほど彼の自転車に乗ることになったから。平日の明るいうちは使っていいということを言って、彼は見ず知らずの僕にチェーンの番号を教えてくれた。俺、帰り遅いしとか説明があった。またがってみた時の「高さも合ってんな」と言う声をはっきり覚えている。

朝、彼が自転車を停めて電車で仕事へ行く。自分がそれに乗って学校へ行き、帰りに元の場所に駐めておく。夜中か知らないがとりあえずその後、仕事を終えた彼が家まで乗って帰る。防犯登録シールが貼られていたけれど、それもやがて剝がされていることに気付いた。おそらく自転車を貸した高校生が警察にとめられないようにするために。

我ながら嘘くさい話だが本当にあったからしょうがない。ただ、自分が彼の年齢に追いつき、おそらく追い越し、旅先でばかり人と喋るようになると、あんまり嘘くさいとも思わなくなった。長期滞在した町で、信号待ちでちらちら見てくる男子中学生に話しかけて、あの細い道は川沿いをどのくらい続いているかとか、取材がてらに部活はどれくらいあるかとかどこの体育館で大会があるかとか聞いて、自販機でジュースなんかおごって、帰りに笑顔で手を振ってくれたのに振り返している自分に気付くと、あの人を思い出す。同級生や会社の同僚よりもまったく見ず知らずの人間を闇雲に信頼したくなるような心持ちは、珍しくもなんともないのだろう。それか、あの人がいたからこういうことをしているのか。

さて、あの通学路、暢気《のんき》に他人の自転車をこぎながら、本当は外さなければいけないイヤホンからは「This Time Tomorrow」が何度も流れていたはずだ。南柏駅から新柏駅へ出て、そこにも駐まっているスクールバスを横目に過ぎて団地の前を通り、竹林の脇の細道を抜け、ゴルフ練習場の前から増尾城址へ。「明日の今頃、僕らは何を目にするだろう」とキンクスのフロントマン、レイ・デイヴィスは歌っていた。

顔を合わせるのも気恥ずかしいし、こちらが先に待っているのも間抜けなので、時間を遅らせて南柏駅に着くようにしていたから、自転車の持ち主と顔を合わせたのは最初の一回だけだ。自転車がなかったら遅刻すればいいと思っていたが、いつもそこに自転車はあった。壊れたり盗まれたりすることもなかった。

高二になると、担任の体育教師によって帰りのホームルームが形骸化し、最後の授業が終わるなりさっさと教室を出られるようになった。そのために、席替えがあるたび後ろの方の席に交換してもらっていたが、どうしてそんなことができたのかわからない。おかげで、中学生すら乗ることができない、来客のために一応動かされているようなバスに乗れるようになって、自転車を借りる必要もなくなった。この話はこれで終わりだけれど、こうして本の文字に残しておけば、お礼を言う機会が訪れるだろうか。

乗れるようになった早いバスには、週に何度か、一人だけ先客が乗っていた。話したこともほとんどない中学からの同級生の女子。校内で見かけることはほとんどなく、保健室登校じゃないかと勘繰っていたけれど、今思えば、同乗者を不思議がることにかけては向こうに分があったと思う。彼女は、いつも運転席のすぐ後ろの席にスクールバッグを抱えるようにして座り、外ばかり見ていた。

こちらはたいてい後ろから二番目の二人がけの窓際、彼女と対角線上の席に座って音楽を聴きながら、サキの短編集とか『ウォーターメソッドマン』とか『パリの憂鬱』とか、文庫本を読んでいた。ふと顔を上げ、毛先が外に跳ねている髪や、少しふくよかな印象の白い頬、そしてその先にある彼女と同じ景色を、なんとなく眺めることもあった。平日昼下がりの誰もいない打ちっ放しの玄関に植わった南国めいた植物、日立台サッカースタジアムの向かいに建つクリーム色のアパート。それらは窓につけた頭のせいで、細かく震えて目に映ることもあった。

柏駅に着くなり、彼女は先に降りる。それから、こちらがその行き先もわからないぐらいにちんたら降りる。スカイプラザの手前の階段から広いペデストリアンデッキに上がった頃には、もう彼女の姿はどこにも見当たらず、ゆっくり駅まで歩き、常磐線快速の上りに乗る。気取っていたのか知らないが、それが孤独を尊重する我々のマナーだった。その間も、やはりレイ・デイヴィスは時折、ロマンチックな展開とは無縁の声で「明日の今頃、僕らは何を知るのだろう?」なんて歌っていたはずだ。

その後、校内でごくたまに見かける彼女は、自分と同じスラックスを穿いていた。どちらも気軽に選べますと宣伝されている時代でもなかったから、あれはきっと彼女の譲れない主張だったはずで、だから、ここで「彼女」と書いているのがよいことなのかどうかわからない。二十年近く前の自分が、それについて考えるだけの何をどれだけ知っていたのかもはっきりしないけれど、文章に書けば「彼女」と自然に出てくる、そういう存在として目に映していたのは確かなのだった。

とはいえ、こうして「彼女」を思い出す今、自分は何を知ったと言えるだろう。そんな本も読んだし、映画も、テレビのドキュメンタリーも見た。賛同だってしよう。でも、どんな知識も「彼女」の孤独に届かないことだけは間違いがない。

あの頃、明日の今頃の景色は、来る日も来る日も変わらなかった。我々はともに折り目正しく制服を着こなし、それを着崩している同級生なんかよりよっぽど学校を退屈に思いながら、声をかけ合うこともなく同じ景色を見て、でも違うことを考えていた。多感な年頃、きっと誰しも自分なりの孤独を抱えて、それを誰にも見せまいとしながら呼吸を整える術を学んでいたのだろうが、誰も乗らない早いバスで息をしなければならなかったのは、我々だけだった。

だからこそ、そんな耳に流れる「This Time Tomorrow」には、大きな期待が込められていたように思う。今を慈しむ素養も余裕もなく、代わり映えしない日々の倦怠をここではないどこかという未来に託して、「明日の今頃、僕らはどこにいるんだろう」という声を、若い頭に響かせていたはずだ。

今、同級生と誰ひとり連絡をとることもなく、倍の年齢になって聴く「This Time Tomorrow」は、淡い愁いを胸に滲ませる。明日の今頃、僕らはどこにいて、何を見て、何を知るのだろう。そう考えた途端に思い出してしまうのは、明日のことではなく、二人のこと——二度と戻らぬ過去のことだ。自転車が使われなくなっていることに、彼はいつ気付いただろう？「彼女」はバスの中で一度も振り返らなかったんじゃないか？

当時の耳にはかからなかった〝I'm in perpetual motion〟という歌詞がある。perpetual motion とは、ここでは、自身が組み込まれている商業活動の絶えざる動きという意味だろうか。それとも、我々の死ぬまで続く営みのことをいうのだろうか。いずれにせよ、そこでは常に時が流れる。繰り返しのようでありながら、誰ひとり同じままではいられない。そうして「This Time Tomorrow」が避けがたくやって来る。

この流れに身を任せる以外にどうしようもないけれど、別れを知らぬまま出会い、出会うことなく別れゆくこともある、そんな出会いと別れだけが、あの頃のどこかそわそわした孤独に、目立たぬ花を添えてくれているような気がする。

六回裏、東北楽天イーグルスの攻撃は

父さんは十一年間、僕の父さんであり、十五年間、母さんの夫であり、それ以外ではなかった。日曜日の夜をのぞいては。

ホテルマンだった父さんの休みは火曜日と木曜日。でも、帰りの遅い水曜日と早朝からの金曜日に挟まれて、木曜日の休みはないようなものだと言っていた。だから、火曜日には何にもしない。僕が帰ると、父さんはいつも家にいて、ソファの端に座ってテレビを見ていた。

日曜日は毎週、忙しくなる土曜に泊まり込みで仕事をしたあと、三時頃には帰ってきていた。少し寝て、僕と母さんと一緒に夕ごはんを済ませると、父さんは出かけて行った。隔週で、クローゼットから大きなサイコロを持ち出していく。それは小堺一機がお昼の番組で使うサイコロで、「情けない話」「あきれてものも言えない話」なんて書いてあった。父さんはカラフルなそれを、僕が使っていたサッカーボールを入れる網に入れて肩に掛け、友達とトークをするために出かけていくのだった。家でもほとんど喋らない父さんだから、サイコロがあるといいんだろうと僕は考えていた。

父さんはいつも僕が寝る前には帰ってきて、それからまた同じ一週間を送った。母さんの厳しい視線に耐えながら、月に一万円のお小遣いで細々と暮らすのだ。なんとなく興味のありそうなゴルフも、ときどき録画して見るだけで、自分でやりはしなかった。そんな暇もなかっただろう。まだアパートの二階に住んでいた頃、父さんはよくゴルフ雑誌を拾ってきた。僕は当時、幼稚園かそこらだったけど、テーブルの上にのっていた地味な色合いの絵が表紙の雑誌をよく覚えている。父さんは窓の方を向いて、それをじっと読んでいた。そんな風にして貯めたお金で買った新しいマンションに越してくると、まとめてゴミに出すのが面倒だからという母さんの希望で、それもさせてもらえなくなった。父さんは母さんに何もさせてもらえなかった。

もちろん、母さんは父さんを愛していたから、父さんが死んでしばらくはずっと泣いていた。お葬式の雰囲気や慌ただしさに気圧されて心の底から泣くことのできなかった僕の横で、母さんは泣きやむことがなかった。母さんは、僕のハンカチまで使って泣いたのだ。僕はそれを、少し意外に思っていた。

父さんの携帯電話は、解約せずに名義を変更して、使える状態でリビングに置いてあった。テレビのチャンネルを手放さない母さんから逃れて野球を見たくなった時、僕はその携帯電話を借りて自分の部屋に行った。父さんが死んだ後、その時は気にも留めなかったメールボックスや着信履歴なんかも見てみたけど、母さんからおつかいを頼まれるか、仕事の関係で時々くる他は何もない、広告のメールさえない、見てるこっちが悲しくなるようなものだった。

死んでも、父さんは父さんのままだ。だから、僕たちは日曜日にお墓参りになんか行くべきではなかったんだろう。

父さんが眠っている墓地は、車で行けばそれほど時間はかからない。

車の中で聞いたけれど、母さんは毎週火曜日にお墓参りに行っていたらしい。父さんと一緒に過ごしていた曜日だから思い入れがあるのだろう。僕は、父さんが死んでから母さんの知らない一面をどんどん知ることになった。でも、それが本当の母さんだと思うぐらいには、本気だし、必死だし、痛々しいと僕には思えた。なら、もっと父さんに優しくしてあげればよかったのに、と不思議に思うぐらいに。それだって、僕が知らなかっただけなのだろうか。

お墓でのことは思い出したくもない。

車から降りて、僕は強く握りしめたせいで花から垂れてきた水で靴下を濡らしてしまった。それを母さんに隠しながら後についていくと、母さんが急に立ち止まった。

視線の先、父さんのお墓の前に、女の人がいた。

女の人はしゃがみこんで、大きなボストンバッグから何かを取り出そうとチャックを開けているところだった。そこから現れたカラフルな色が目に映った時、僕は心臓が狂って止まらないような不安に襲われた。

お墓の立ち並ぶ場所に似つかわしくない派手なサイコロ。父さんと同じサイコロ。小堺一機と同じサイコロ。一歩、二歩と前に出て目を凝らした母さんの動揺と言ったらなかった。僕はそれを見て、出目に書かれた「トークテーマ」が父さんのと同じではないことを唐突に悟った。「トークテーマ」は合わせて十二個もあったのだ。毎週日曜、どちらかが持ってきて。

女の人は泣いていた。母さんのように泣いていた。そして、お墓に何の痕跡も残さず、サイコロを抱えて反対側から帰って行った。鼻をすする音が、いやに僕の耳に残った。

持ち帰った花は水ももらえず、夕方には玄関でしおれ始めた。そして母さんは沈み込むのと怒り狂うのとを繰り返した。自分の部屋ですさまじい物音を聞くたび、僕は自分にできることを考えたけれど、一つもなかった。

トークするぐらい別にいいじゃないか。

そう言おうかとも思った。でも、それが単なるトークでないことぐらい、僕にはわかっていた。はっきりわかったわけじゃないけれど、母さんの怒りがそれを証明していた。でも、つらいのは、それが本当にはわからないことだった。

暴れている母さんがトイレに行った時――そんな時でもトイレには行きたくなるのがなんだか

気の毒だった――僕は父さんの携帯電話を避難させた。もう夜の九時になろうとしていた。今夜は夕飯もままならないと思い、僕は父さんの携帯電話でワンセグテレビを見ることにした。

今日は日本シリーズがやっている。しかも、去年から三十連勝中の大エース、田中将大が先発だ。僕はそれを楽しみにしていた今朝の、お墓に行く前のことを思い出した。

六回の表、お互いに無得点の中、マーくんは二死満塁のピンチを背負っていた。実況のアナウンサーは緊迫した様子で、ツーストライクから粘るロペスとの対決を伝えていて、解説陣はほとんど黙っていた。

リビングからは凄い物音。母さんが何か重たい物を床に力任せに払い落としたらしい。そんなこと絶対に、誰にもさせなかったのに。

「インストレートォ！　一五二キロ！　初めて、このゲームで吠えた！　右の拳を突き上げました！　負けないエースの真骨頂！」

マーくんはすごい。ソファを殴るドスドスという音が、ワンセグテレビと同じくらいの音量で立て続けに響いた。傾いたソファの脚がフローリングを叩く音もする。声にならないような怒鳴り声も。

僕は父さんの携帯電話を持って家を出た。ドアを閉めると、暴れる音は聞こえなくなって、しんとした空気が耳を満たした。

台風も過ぎた東京の十月はもう震えるほどに寒い。風も強く吹いている。マンションの前には、汚い川がある。ずっと下ると、東京湾に続いているらしい。時々、風でしわを寄せながら、黒いものがぬらぬらと動いて、街灯を反射して光った。

僕は、ずらりと並ぶマンションのベランダを背に、コンクリートの堤防に携帯電話を置いた。

「六回裏、東北楽天イーグルスの攻撃は――」

さっぱりしたアナウンサーの声で、なんだかますます肌寒く感じる。

その時、上空の背後から、物凄い勢いで窓が開く音が響いた。瞬間的に、自分の家の方を見る。六階、左から二番目。

そこから、あのサイコロが勢いよく飛び出した。

サイコロは不安定に揺れながら、薄闇の中でそれだけ淡く光って、黄色やピンクの糸を引くように川に落ちた。

波紋が消えて、サイコロがゆっくり川を下って目の前にきた時、「旬な話」という目がかろうじて見えた。誰かの「フレッシュ！」と言う声が夜空に響いたような気がした。

見上げても星一つない。さらした首筋が寒い。ダウンジャケットでも着てくれれば良かった。母さんはちゃんと窓を閉めただろうか。寒いし、いくらなんでも近所迷惑だ。

サイコロはもうぼんやりとした色彩しか見せないで、人の目を盗んだまま海へ向かっていった。

神はサイコロをふらない、というのを何かで聞いたことがある。サイコロをふるのは人間だけだ。せめて、ぷかぷか浮いて回転しながら、どの出目とも決まらないまま、ずっと、広い海の真ん中へ行ってしまって欲しい。母さんが何も話さずに済むように。何かを話さなければいけないなんて、話したいなんて、バカげていると僕は思った。

父さんの携帯のテレビが楽天の先頭打者のヒットを告げて、僕は海に漂うサイコロのことを考えるのをやめにした。

フィリフヨンカのべっぴんさん

「ゆき江ちゃん」

　私がそう呼んでいた叔母の末期ガンがわかり、ターミナルケアの末にそう呼ばれながら息を引き取った次の日、私は祖父の家にいた。一階はその祖父が営む眼科医院で、二階と三階に、叔母は祖父と二人で住んでいた。

　喪主である祖父の裏で細々した準備に奔走する母に代わって、夕飯は私が買いに行くことになった。この頃の私はけっこう動けて頭も回って、大学が春休みだったこともあり、てきぱきと雑事を手伝っていたのだった。

「いなげやでいいの？」

　テーブルに置かれた三千円を取りながら訊くと、階段を上がろうとしていた母はスリッパを鳴らしながらリビングダイニングに戻ってきて、キッチンを指さした。

「いなげやなら、あれ、持ってって」

「あれって？」

「冷蔵庫の」

私に向かわせ、自分は戻って行きながら声を張り上げる。

「なんか、集めてたみたい」

冷蔵庫の扉には、誰かのオーストラリア土産だろう、カモノハシのマグネットでとめられたキャンペーンのシール台紙があった。ムーミンの仲間たちのシールが、二十枚のうちの五枚まできれいに貼り進められている。十枚以上ためれば、その数に応じて、ムーミンたちの大小のタオルとかエプロンとかが、もらえるわけではなく安く買えるらしい。十一月から始まった三ヶ月ほどの期間は、あと二週間ほどでおしまいだった。

二千円ちょっとの弁当やサラダを買ってシールを二枚もらい、帰って貼った。慎重にやったつもりのスナフキンが斜めになって、叔母の小さな笑い声が耳の後ろを走った気がする。免震構造のようにゆっくり揺らぐ気分をやり過ごしつつ冷蔵庫に台紙を戻して、フェイスタオルやバスタオル、エプロンの見本が色とりどり並んでいるのを眺める。

三階から降りてくる母の足音が聞こえて、そこに向けて発した声は、そのまま慌ただしく一階へ降りていった母の耳には届かなかったから、独り言となって私の中に長く残った。

「ゆき江ちゃん、どれがほしかったんだろ?」

＊

七十を過ぎても現役の祖父はどうしても診療を休みたくないらしく、通夜と告別式は午後の休診と休診日が続く水曜と木曜になった。ゆき江ちゃんが冷やされておく期間は少しだけ延びたけれど、それがいいことなのか悪いことなのか私にはよくわからなかった。

その間、父は仕事で遅いから、母と私とたまに塾のない日は弟が、祖父の家で夜を過ごすことが多くなった。血筋なのか一日しか忌引き休暇を取らなかった父が不満で、私はなるべく母を助けようと勇ましい気分でいた。母にとっては義父にあたる祖父はとっつきにくいタイプだったから、こんな娘でもいるだけでありがたかっただろう。

私はお使いを買って出て、弟がいる時は無理やり連れ出して要らない物を買い足したりしながら、せっせとシールを集めていった。

通夜の前日、夕食を終えた祖父が私をじっと見つめてきた。祖父は家族の誰かに話しかける時はいつもそうする。柔く開けた目鼻を向けて促すと、初めて口を開く。

「ゆき江に、マンガ返してもらったか?」

「ううん」まだ——と言いそうになって止める。もう、まだもへったくれもないのだから。「ゆき江ちゃんの部屋にはなかったけど、本の部屋かな？」

「わからん」

三階にある十五畳の書庫は、家族の間では「本の部屋」と言った方が通りがよい。その部屋は、祖父が、叔母つまり娘のために、部屋の間の壁をぶち抜いて造ったものだ。一方はもともと父の部屋だった。

「さがしてみろ」

祖父は、ずっと自分の傍にいた叔母にだけは甘かったように思う。そのため、誰がどう見ても叔母に懐いていた私との繋がりは、祖父と孫というより、ゆき江ちゃんを信頼する同志のような妙な感じがある。叔母の愛書気質を受け継いだのも私だけだったから、弟より目をかけられているという気もしていた。それだって、気がするという程度のものなのだけれど。

「ゆき江ちゃん、あのマンガ読んでた？」

「わからん」

だから、そんなことも念のために訊いてみただけで、まともな答えを期待していたわけではない。さっさと書庫へと向かおうとしたけれど、一つ、どうしても気になることがあった。

「返さなきゃとか言ってたの？　おじいちゃんに？」

「ああ」と祖父は頷いた。

＊

叔母と私は、本やマンガの貸し借りをしながら、いつしか一切の感想を言い合わなくなった。時間をおいた会話の弾みで、登場人物の名前が出たり台詞が差し挟まれたりして、きっちり読んだことが知れるだけ。そういう日のことを、叔母は良き日と言ったことがある。まだこの秘匿の作法に納得のいっていなかった私に向かって「良き日が来るから」と、はぐらかすように。

なんであれ作品の感想を口にしないというのは、それがある種の礼儀として作品とともに流通しているこの世間を生きる上では不作法にあたるのだと知ったのは、私がそれをほとんど完璧に身につけた後だった。おかげで、叔母のいない世界で余計な口を利いて失望するという愚かな真似をせずに済んでいるのだけれど。

貸し借りの手順は単純明快だ。叔母の方では貸すという意識もなく、私が書庫から勝手に借りて勝手に戻す。私は叔母が持っていない最近のマンガや何かを一言もなく貸し、一言もなく返される。いつしか、催促さえしなくなった。

だから、「返さなきゃ」の一言が祖父に洩らされただけでも、なんだか貴重なことのように思われた。もちろんそれは貸した後に発覚した病のせいで、あと数ヶ月の命と言われなければ、叔母からそういう台詞は出てこないのだった。

いつも寝静まっているような書庫に入ってすぐ、一番手近に置きましたといった感じで、探していたものはあっさり見つかった。高さが微妙に違う単行本が並んだ上に『身近な人が亡くなった後の手続のすべて』という本と一緒に横にされて重なっている、ヤマシタトモコの『違国日記』の1巻。

手に取ってぱらぱら開く。両親を交通事故で亡くした中学三年生の朝は、同居することになった叔母に悲しいか訊かれてもわからない。そのうつろな目の泳ぐ訳が、今なら少しわかる気がした。わかるならやっぱり感想なんていらないじゃないと、ゆき江ちゃんなら言うだろうか。いや、言いさえしない。そう言いたげに黙っている。

私たちは、どうしてそうなのだろう。

叔母と姪っ子の話なんだよ。前に貸した『ひばりの朝』と同じ雑誌で連載始まって、今月に単行本が出たばっか。槙生《まきお》ちゃんとゆき江ちゃんって、ちょっと似てない？　でも身長がぜんぜん違うね。そんで、ちゃんと友達がいるね。あと、槙生ちゃんは小説家だけど、ゆき江ちゃんは絶対書かないでしょ。でも姪っ子に日記書いたらとか言うのは同じだ。訳わかんないこと言って考えさせるのも一緒。だいたい、叔母って無責任なんだよね。

だらだら思い浮かべたやり取りは、私しか喋ってないし、リアリティがなくてちょっと笑えた。叔母が生きていたら、私は今も『違国日記』の新刊が出るたびにこの家へ持って来て、良き日を迎えるまで、互いに何にも話さなかったに決まっている。

私たちは、どうしてそうだったのだろう。

一人きりで読み、一人きりで考える、それだけのためなのか。もちろん私は、その良き日がどんなに素晴らしくて誇らしいものかを知っている。たくさんの良き日を夢見て何度もこの部屋を訪れては、リュックいっぱいに本を詰め、こそ泥みたいに階段を下りていったのだから。そして良き日は、叔母との日々のうちに、神経衰弱のカードがめくられるように次々と訪れたのだから。

その到来を、私はもう信じることができない。閉じたマンガを虚空に振って、なんとなく上の方を見た。

「返してもらったからね」

にしても、返さなきゃって思ってるもんをなんでこんなとこに置くの。連載してるマンガは続きが出るから早めに返してって、大昔に言ったことあるよね。『違国日記』もさ、2巻が五月に出るんだよ。読んだら貸してあげようか。でもゆき江ちゃん、死んじゃったからもう読めないね。

頭にせり出したおふざけとは裏腹に、私はそれから一年ほど、『違国日記』を読むことができなかった。露わになった『身近な人が亡くなった後の手続のすべて』の表紙を再び目に入れながら、私は書庫を出た。

＊

お葬式は滞りなく終わった。大昔に会ったことのある遠い親戚たちと祖父の関係で医者が何人か来ただけの、ほとんど家族葬みたいなものだった。

私は誰ともろくに喋らなかった。要所で泣きまくりながら親族とも親しげに話していた弟によれば「俺が頑張ってた」ということらしい。かといって、姉は泣けもしなかったのだ。野草の名ばかり私に教えて化粧なんか滅多にしない、そんな叔母の痩せこけてはいるが綺麗にしてもらった顔が大ぶりの花々に飾られていくのは変な感じで、骨壺に楽々収まる小さな骨のほうがまだしも叔母らしく思えた。

四十九日までは祭壇もあるし弔問客も来るかも知れないからと、やはり母がひっきりなしに祖父の家に通っていた。いまだ春休みの私も、ちょくちょくついて行っては線香をあげ手を合わせ、母と祖父と食事を共にした。長く医療事務を担って患者さんからの人望もあった叔母だったけれど、誰にも敢えて伝える必要はないと遺言したからか、そして祖父がそれを守ったからか、弔問客は驚くほど来ないで、私と母は余った会葬御礼のドリップコーヒーをどんどん開けて飲みながら過ごした。

そのうちに台紙はムーミンたちでいっぱいになり、購入期限も迫ってきた。

「私だったら、ニョロニョロのフェイスタオル二枚セットなんだけど」

「じゃあ、それにしたら」

冷蔵庫の前で悩む私の後ろを通るのに飽きた母が投げやりに言う。そして、私の不満が色に出る前に言葉を続ける。

「あんたが選ぶなら何でも許してくれるでしょ」

叔母が好きだったのは、フィリフヨンカなら誰でもいいと言うぐらいにフィリフヨンカだった。こんな景品には決してあしらわれることのない彼ら種族のほっそりした体型は実に私とよく似ているから、叔母はたまたま掃除をしている私を見かけたりすると「フィリフヨンカのべっぴんさん」と翻訳調に呼んだ。片やリトルミイの見た目をした叔母は、美人とか足が長いとか事あるごとに私を褒めそやして困らせたけれど、「フィリフヨンカのべっぴんさん」は日替わりで出してくる二つ名の中でも傑作として名高く、呼ばれる私もまんざらではないのだった。

ゆき江ちゃん、どれがほしかったんだろ?

答えなんてなかったかも知れない疑問にまたぞろ戻ってきて、期限はいよいよ明日になった。

困り果てた私は、台紙を片手に祖父に訊いた。

「ゆき江ちゃんが何欲しかったか、聞いたことある?」

祖父は黙ってそれを手に取って、しばらく眺めた。ゆき江ちゃんが病院にいる間、食事はスーパーで買って済ませていたとは聞いていたけれど、やはり初めて見るような感じだった。

「明日までに使わないと」と言って少し言葉を待つ。「期限切れちゃうんだよね」

「わからんな」

絞り出すような声と一緒に差し出された台紙には、力のこもった指先から折れ跡が走っていた。

「おじいちゃんはさ」受け取らないで訊ねる。「どれ欲しいとかある?」

ちょっとだけ台紙を見返してみた祖父は、すぐに首をひねって突き返してきた。

受け取って「どれでもいい?」と訊く。

「ゆき江のだからな」

患者への愛想は悪くないと叔母に聞いたし、ネットの口コミを見てもそれは本当らしかった。まして、娘に先立たれるつらさなど想像もつかない。しかし私は、この同志の言い草に密かに憤慨していた。そんな言い方、あんまりだ。私だって頑張って十五枚集めたんだし、ゆき江ちゃんはもういないんだし。

*

翌日の夕方、荷物の少ない買い物前に済ませてしまおうというほかには何の考えもなく、私はいなげやのサービスカウンターの前に立っていた。

「あの」と言って台紙を差し出す。「これ、お願いします」

「あら、たまったの」おばさんの店員が嬉しそうな声を出した。「すごいすごい」

こんなの全部集めた人はいくらでもいるだろうにと思いながら、自然と笑顔になった。

「どれにするの？」台紙に書かれた各商品に指を走らせる。「エプロン？」

二十枚はエプロンしかないから、そう訊くのだろう。愛想の良さに応えたくて、私は「えーっと」となるべくはっきり声を出した。

エプロンのほか、大きい、小さい、色とりどりのタオル。ムーミン、リトルミイ、スノークのおじょうさん、スナフキン、ニョロニョロ。そのいくつかの組み合わせ。

「あ、まだ決まってない？」

「そうなんです」

「迷っちゃうわよね。全部ためてくれたから、どれでも好きなの選んじゃってね。見本もそこにかかってるから触ってみたりして」

見本の並んだハンガーラックに目をやり笑顔を見せて、台紙に目を落とす。一つ一つの商品の説明も、キャラクターも、色だって、何度も見たからよくわかる。でも、わからない。

「どれがほしいの？」

何か言おうとした喉元には、やはり一つの言葉が引っかかっている。

ゆき江ちゃん、どれがほしかったんだろ？

訊けば、すぐに教えてくれただろう。もしちがう物を持って帰っても、どれそれが希望だったのにと、本当だか嘘なんだか、何の負の感情も混じらない声と口調で言っただろう。それで、呆れるほど長く使っただろう。私はもう間違えることもできないのだ。

「あらあら、ちょっと、どうしたの？」

慌てた声に顔を上げた拍子に、私の目から涙がこぼれてカウンターの上に落ちた。

「すいません」笑顔のままニットの袖でカウンターを拭いた。「ぼうっとして」

「だいじょうぶ？」

「だいじょうぶです、すみません」

「美人が台なし」

人の良いおばさんはみんな同じことを言う。私はそこから叔母の声だけを聞き分けてしっぽを振ってきたというのに、こんな日々の一所に定まらない心は、条件反射のように一瞬和らいでしまった。

「あなたは、どれがいいの？」

思わずニョロニョロたちを指さして、取り返しのつかないことをしたような胸の痛みに襲われた。

「5番?」とても明るい声だった。「じゃあそれにしちゃったら?　きっと大丈夫よ。シール余っちゃうけど、平気?」

彼女は優柔不断な娘っ子の涙から、当たらずとも遠からずの物語をこしらえていたのだろう。抗う術もなく、私は黙ってうなずいた。顔に貼りついた笑みも、目にまとわりつく涙も、意味を求めてしゃしゃり出てきたように思えた。

棚から引っ張り出されたタオルがカウンターに置かれる。

「じゃあ、これね。九九〇円いただきます」

「あの」私は千円札を出しながら言った。「余ったシール、持って帰れますか」

「五枚じゃもう何にも使えないけど?」さすがに怪訝な顔になった。「もう新しいシールも配ってないし、交換も今日までだから」

傍らのポスターにやられた視線に従うと、期間が書かれたそばに「本日まで」と赤い手書きの貼り紙がされている。皆が生活の中でせっせとシールを集める三ヶ月の間に、叔母は病を見つけて死んだ。ポスターの向こうに広くとられたデリカコーナーはちょうど割引のされる時間で、私からは見えない惣菜や弁当を見下ろしながらじりじり動く人たちでひしめいている。

「五枚だけ切ってもらえますか」と私は言った。「最初の五枚を」

マニュアルにない不気味な要望にちょっと困った様子だったけれど、結局、彼女は最初の五枚だけを台紙ごと切ってくれた。一番右のミイのシールの右上には六枚目の端が少しかかって、小さく鋭い緑の三角形ができていた。

それを財布にしまうと、買い物もしないで店を出た。帰り道で取り出し、一度だけ顔をぬぐったタオルは母にあげて、私はそれから一年以上、多少の浮き沈みの中を概ね死んだように過ごした。

＊初出

掠れうる星たちの実験：「群像」二〇二一年七月号、講談社
『職業としての小説家』村上春樹：「群像」二〇一五年十二月号（「個人の個人による個人のための」改題）、講談社
『このサンドイッチ、マヨネーズ忘れてる／ハプワース16、1924年』J・D・サリンジャー（金原瑞人訳）：「図書新聞」第三三七〇号（「サリンジャーは人生を賭けていた――作家、人間としてどのように生きるべきか」改題）、武久出版
『アナーキストの銀行家　フェルナンド・ペソア短編集』フェルナンド・ペソア（近藤紀子訳）：「図書新聞」第三四一七号（「着想する「自分」と「書く者」のずれ――感文一致を夢見た者たちの闘いは、いつも孤独だ」改題）、武久出版
『ペンギン・ブックスが選んだ日本の名短篇29』ジェイ・ルービン編：「新潮」二〇一九年六月号（「編者の『哲学』」改題）、新潮社
『ののの』太田靖久：「図書新聞」第三四七九号（「思い出せる限りの生活や景色――「小説を書くこと」に加え、「小説を読まれること」にも想像を巡らせる」改題）、武久出版
『大工よ、屋根の梁を高く上げよ／シーモア―序章―』J・D・サリンジャー（野崎孝、井上謙治訳）：「群像」二〇二〇年十月号、講談社
『サピエンス前戯』木下古栗：「文藝」二〇二〇年冬季号（「ナニをかくにせよ」改題）、河出書房新社
『謎ときサリンジャー　「自殺」したのは誰なのか』竹内康浩、朴舜起：「週刊文春」二〇二一年十月十四日号（「サリンジャーに肉薄したうえで、なお近寄りがたい後ろ姿を照らし出す…賢明で鮮やかな〝謎解き〟の書」改題）、文藝春秋社
八月七日のポップコーン：「装苑」二〇二一年七月号、文化出版局
This Time Tomorrow：「POPEYE」二〇一八年五月号、マガジンハウス
センリュウ・イッパツ　水戸ひとりの記　鎌とドライバー　フィリフヨンカのべっぴんさん：書き下ろし

その他作品はブログ「ミック・エイヴォリーのアンダーパンツ」にて初出

著者略歴＊乗代雄介《のりしろゆうすけ》

1986年、北海道生まれ。法政大学社会学部メディア社会学科卒業。2015年、『十七八より』で第58回群像新人文学賞受賞。2018年、『本物の読書家』で第40回野間文芸新人賞受賞。2020年、『最高の任務』で第162回芥川賞候補。2021年、『旅する練習』で第164回芥川賞候補、第34回三島由紀夫賞受賞。著書に『十七八より』(講談社、2015年)、『本物の読書家』(講談社、2017年)、『最高の任務』(講談社、2020年)、『ミック・エイヴォリーのアンダーパンツ』(国書刊行会、2020年)、『旅する練習』(講談社、2021年)。

本作所収の小説作品はすべてフィクションであり、実在の人物、団体とは無関係です。

THIS TIME TOMORROW
Words & Music by RAYMOND DOUGLAS DAVIES
ⓒ 1970 DAVRAY MUSIC, LTD.
All Rights Reserved.
Print rights for Japan administered by Yamaha Music Entertainment Holdings, Inc.

日本音楽著作権協会（出）許諾第2109099-101号

掠《かす》れうる星《ほし》たちの実験《じっけん》

2021年12月10日　初版第一刷印刷
2021年12月20日　初版第一刷発行

著者　乗代雄介
装釘　山本浩貴＋h（いぬのせなか座）
発行者　佐藤今朝夫
発行所　株式会社国書刊行会
〒174-0056　東京都板橋区志村1-13-15
電話　03-5970-7421（代表）
FAX　03-5970-7427
https://www.kokusho.co.jp

印刷　株式会社シナノパブリッシングプレス
製本　株式会社ブックアート
ISBN978-4-336-07259-7